P9-DHP-335

For current pricing information,
or to learn more about this or any Nextext title,
call us toll-free at **1-800-323-5435**
or visit our web site at www.nextext.com.

A SPANISH READER

Federico García Lorca

Printed in the United States of America

ISBN 0-618-04824-3

3 4 5 6 7 — QKT — 06 05 04 03 02 01

Contenido

POEMAS

*Esta colección de poemas es un homenaje al tipo de
cante flamenco más profundo. Esta música se origina
en la raíz gitana, y es una mezcla de poesía, música y
baile que expresa las emociones del alma gitana.*

A lo largo del libro, las palabras de vocabulario aparecen en negrita y llevan notas a pie de página. Las palabras y frases especializadas o técnicas aparecen sin negrita y llevan notas a pie de página.

Introducción

Andalucía

Andalucía, una de las diecisiete comunidades autónomas de España, es la región que con mayor intensidad ha influido en la obra de Federico García Lorca. A lo largo de los siglos, Andalucía ha sido idealizada como lugar de fiestas, de gitanos, de flamenco, una tierra donde convivieron moros, judíos y cristianos.

El reino moro y la Reconquista

La Andalucía de García Lorca es una región rica en tradiciones que no siempre responde a la imagen estereotipada que se presenta de ella. Para entender bien la región, hay que tener en consideración su historia. En el siglo VIII, los moros invadieron la Península Ibérica y la mayor parte de ésta estuvo bajo el poder de los musulmanes durante más de trescientos años. Los cristianos empezaron a reconquistar parte del territorio en el siglo XI, pero Andalucía fue la última región que los moros perdieron. Granada, la ciudad natal de Lorca, fue el último sitio que se rindió a los Reyes Católicos, Fernando e Isabel, en el año 1492.

La gente de Andalucía

En esta época, España tenía una gran población de moros y judíos. Pero con el reinado de los Reyes Católicos vino la famosa Inquisición española, que perseguía a todos los que no eran cristianos. Esta persecución continuó hasta el siglo XVI. Andalucía, debido a su gran población judía y mora, fue víctima especial de esa época. A pesar de la Inquisición, la influencia de estos grupos ha perdurado hasta la actualidad en la sociedad andaluza.

El panorama étnico aumentó tras la llegada de los gitanos. Perseguidos por gran parte de Europa, los gitanos tampoco fueron bien recibidos en España. A pesar de ser un grupo migratorio, los gitanos llegaron a Andalucía en grandes grupos para vivir.

El sufrimiento de estas minorías raciales que vivían al margen de la sociedad fue un gran problema para Andalucía. Federico García Lorca reflejó este problema en sus obras, y a pesar de su origen de clase privilegiada, dedicó mucha de su obra a la situación de esta gente.

El flamenco es una interpretación hermosa de las emociones humanas.

El flamenco

La tradición del flamenco surgió como resultado de la opresión en la que vivían durante siglos las clases menos afortunadas en Andalucía. Los problemas sociales y económicos se empezaron a expresar a través de la música y los bailes andaluces. Las raíces más fuertes del flamenco pertenecen a la tradición gitana, pero también hay influencias de la cultura mora y del folklore judío.

El flamenco es una música marcada por la pasión. Muchas veces, las canciones son acompañadas por una guitarra y por bailes en que los movimientos del hombre y la gracia de la mujer son los elementos más importantes.

Los cantes, o las canciones, del flamenco consisten en tres grupos generales: el *chico*, el *intermedio* y el *jondo*, o grande. El flamenco chico trata de asuntos alegres, como el amor y el paisaje. Las emociones del grupo intermedio son más profundas, pero las del jondo son las más intensas, y tratan de la muerte, la angustia, la religión y la desesperación. El cante jondo le fascinaba a Lorca y es el tema de algunas de sus obras.

También se hallan en la obra de Lorca las canciones y bailes específicos del flamenco, sobre todo, los de origen gitano puro. Las *alboreas*, las *siguiriyas gitanas*, las *saetas* y los *martinetes* son algunos ejemplos de canciones de la tradición gitana.

El flamenco adquirió fama en el siglo XIX, cuando los gitanos empezaron a presentar sus canciones y bailes en los cafés. Aunque hoy en día los espectáculos de flamenco son muy comunes, en los días de Lorca el flamenco estaba menos comercializado y se relacionaba todavía a los problemas de la sociedad andaluza.

Lorca empezó su carrera literaria a muy temprana edad. Aquí, el poeta tiene dieciocho años.

Biografía

Influencias juveniles

Federico García Lorca nació el 5 de julio de 1898 en Fuentevaqueros, un pequeño pueblo andaluz en la provincia de Granada. El padre de Lorca, Federico García Rodríguez, era un agricultor rico y muy respetado. Era viudo cuando se casó con la madre de Lorca, hecho que le molestó a Lorca durante toda su vida. Su madre, Vicenta Lorca Romero, era una mujer inteligente que había sido profesora antes de casarse.

Gracias a la influencia de los dos padres, Lorca conoció tanto el mundo del campo como el de la ciudad. Un niño muy devoto a sus padres, Lorca solía decir que su madre le había dado la inteligencia mientras su padre le había inspirado la pasión. Lorca era el hermano mayor de dos hermanas, Concha e Isabel, y un hermano, Francisco. La familia vivió en el campo de Granada hasta que Lorca tuvo once años. Durante este tiempo, la personalidad de Lorca se estaba formando. El niño, que había padecido una enfermedad que le dejó con dificultades para caminar, era popular entre sus compañeros. El pequeño Lorca inventaba obras de teatro y de títeres, mientras se acostumbraba a la vida del campo de Granada, disfrutando de las canciones, las leyendas y los bailes andaluces.

Granada, 1911–1918

Lorca inició sus estudios a los once años. Empezó en Almería, pero después de una enfermedad continuó los estudios en Granada. Lorca era muy inteligente y creativo, pero no era estudiante sobresaliente. Le entusiasmaban la música, la poesía y el teatro y concentró toda su atención en estas aficiones. En Granada, el joven poeta conoció a otros estudiantes con los mismos intereses que tenía él, y pasó muchas noches en un rincón del Café Alameda con ellos. El grupo que se reunía allí se llamaba el *Rinconcillo*, y estaba formado por jóvenes intelectuales que compartían un respeto profundo por la música, la poesía, el teatro y el folklore.

Al principio, Lorca participaba en el *Rinconcillo* como músico, sobre todo como pianista y guitarrista. Más tarde, Lorca empezó a dedicarse más a la poesía.

Sus poemas trataban de su pérdida de fe en el catolicismo y la búsqueda del amor. Durante estos años, Lorca se inspiraba en la poesía modernista del nicaragüense Rubén Darío. El joven Lorca compartía la pasión por los mismos temas que Rubén Darío: el individuo, el misterio de la vida, la lucha por ordenar la vida y la energía intelectual. Lorca publicó su primer libro de prosa, *Impresiones y paisajes*, en 1918.

Madrid y la Residencia de Estudiantes

En 1919, Lorca se trasladó a la Universidad de Madrid, donde vivió en la famosa Residencia de Estudiantes. Esta residencia era un centro de pensamiento moderno y liberal dentro de un país tradicional y conservador. Los intelectuales y artistas más famosos del momento fueron a la Residencia para dar conferencias y charlar con los estudiantes talentosos. Lorca disfrutaba del ambiente intelectual de la Residencia, aunque no le interesaban las clases de la universidad. Se quedó viviendo en la Residencia de Estudiantes por diez años. Durante esa época, Lorca era amigo de algunos de los personajes más famosos en España, entre ellos el compositor Manuel de Falla, el poeta Pedro Salinas, el cinematógrafo Luis Buñuel, el poeta Juan Ramón Jiménez y el pintor Salvador Dalí.

En 1920, su primera obra de teatro, *El maleficio de la mariposa*, fue un fracaso. Sin embargo, al año siguiente publicó el libro de poesía *Libro de poemas*. Esta colección de poesía juvenil fue bien recibida por el público. Durante la primera parte de los años veinte, Lorca también trabajó en algunas obras de teatro, *Los títeres de cachiporra: Tragicomedia de don Cristóbal y la Señá Rosita* y

Mariana Pineda. En esa época, Lorca también escribió *Poema del cante jondo*, *Primeras canciones* y *Canciones*, aunque estas creaciones no fueron publicadas hasta años más tarde (1931, 1935 y 1927 respectivamente). En 1928, *Romancero gitano*, una de sus obras más famosas, se hizo popular nada más publicarse.

Viaje a los Estados Unidos

En el año 1929, Lorca se marchó de España para viajar con su amigo Fernando de los Ríos. Llegó a Nueva York en junio, y decidió estudiar en Columbia University. Sus experiencias en Nueva York se vieron plasmadas en su poesía en la colección *Poeta en Nueva York*, publicada en 1940. Al igual que hiciera en España, Lorca se solidarizó con la gente pobre y las minorías. Su obra de esta época es un retrato de las situaciones sociales que él vio en los barrios de Harlem, Wall Street y Brooklyn, entre otros.

En Nueva York, Lorca conoció a uno de sus mejores amigos, el torero Ignacio Sánchez Mejías. Éste murió cogido por un toro en el año 1934. Su trágica muerte fue el motivo que llevó a Lorca a escribir el famoso *Llanto por Ignacio Sánchez Mejías*.

El regreso a España

Después de viajar por América Latina, Lorca regresó a España en 1930. Los primeros seis años de la década de los treinta serían los últimos de la vida de este gran poeta, que había ganado fama y amigos fuera y dentro de España. En estos últimos años, Lorca publicó sus obras más famosas, entre ellas, *Bodas de sangre* en 1933 y el *Llanto por Ignacio Sánchez Mejías* ya mencionado. También publicó *Yerma* en 1934 y *La casa de Bernarda Alba* en 1936, obras que eran, como *Bodas de sangre*, tragedias líricas.

Lorca dentro de la política de España

La tragedia más grande de Lorca no ocurrió dentro de su obra, sino en su vida. España estaba pasando por una época de gran incertidumbre política. La dictadura de Primo de Rivera entre 1923 y 1930 fracasó y, más tarde, la monarquía acabó con la abdicación del rey Alfonso XIII. Durante los cinco años de la llamada Segunda República, el gobierno del país se alternó entre los republicanos liberales y los nacionalistas. Los nacionalistas tenían el apoyo de la Iglesia, los militares y los propietarios ricos; los partidarios de la república eran los líderes del proletariado, los trabajadores agrarios y la burguesía intelectual. Federico García Lorca apoyaba a este último grupo.

La muerte de Lorca

Los nacionales consideraban a Lorca un enemigo, porque el poeta era un intelectual defensor de los débiles, y estaba considerado por ellos como un revolucionario. La creación literaria y la vida de Lorca establecen su sincero interés por los pobres y explotados y su respeto por el espíritu y la libertad de cada individuo. Lorca no pertenecía a ningún partido político, pero admitió que era un autor comprometido como, según él, debían ser todos los poetas.

La guerra civil española entre los republicanos y los nacionales se inició en el verano de 1936. Lorca estaba viviendo en Madrid, pero después del asesinato de algunos personajes políticos prominentes, el poeta se fue a Granada. Los falangistas, una división radical de los nacionales, lo esperaron allí. Durante la noche del

Esta imagen es una pequeña muestra de la destrucción sufrida en España durante sus años de guerra civil, en la que tanto los nacionales como los republicanos cometieron muchas atrocidades. Un ejemplo de la violencia indiscriminada que se vivió en esos años fue el asesinato de Federico García Lorca en 1936.

16 de agosto de 1936, lo apresaron en la casa donde estaba escondido. Lorca pasó sus últimas horas en la cárcel falangista en el pueblo de Víznar. Los datos de su ejecución no están confirmados, pero se cree que lo asesinaron el 18 de agosto. No marcaron el lugar donde enterraron a Lorca, y la noticia de su ejecución no salió a la luz hasta casi tres semanas después del suceso.

El final de la guerra

Los nacionalistas ganaron la guerra civil en 1939, y Francisco Franco subió a la jefatura de Estado. Su dictadura, marcada por su alianza con Hitler y Mussolini, se destacó por la feroz represión de los oponentes políticos, los regionalistas y de cualquiera que cuestionara su ideario político. La dictadura concluyó con la muerte del llamado "último dictador fascista" en 1975.

Cronología

1898—Federico García Lorca nace el 5 de julio en Fuentevaqueros, España.

1910—Lorca empieza sus estudios en la ciudad de Granada.

1918—Publicación del primer libro de Lorca, *Impresiones y paisajes.*

1919—Lorca se traslada a la Universidad de Madrid, donde vive en la famosa Residencia de Estudiantes.

1921—Publicación de *Libro de poemas.*

1929—Lorca viaja a los Estados Unidos y América Latina.

1931—Publicación de *Poema del cante jondo.*

1933—Publicación de la tragedia rural *Bodas de sangre.*

1934—El torero Ignacio Sánchez Mejías, amigo de Lorca, muere durante una corrida de toros.

1936—La guerra civil española se inicia en junio. Federico García Lorca es asesinado por los nacionalistas en un día de agosto.

1939—Los nacionalistas ganan la guerra civil y Francisco Franco se proclama dictador de España.

1940—Publicación póstuma de *Poeta en Nueva York.*

Características y temas de la obra de Lorca

La obra de Lorca es rica en imágenes y temas que provocan las emociones y buscan los pensamientos de sus lectores y oyentes. Lorca escribe mucho sobre Andalucía, su tierra y su gente. Sin embargo, la manera en que trata las emociones y conflictos que afectan a todo el mundo asegura el carácter universal de su obra.

Andalucía

La influencia de la tierra andaluza es una característica clave en la obra de Lorca. Su niñez en la vega de Granada le dejó, según él, con un "complejo agrario". Este fenómeno es quizás más evidente en sus obras de teatro. *Bodas de sangre*, *Yerma* y *La casa de Bernarda Alba* son ejemplos de tragedias rurales que han sido inspiradas en la tierra andaluza. En estas obras, el poeta acude con frecuencia a las naranjas, las olivas y otros productos agrícolas que son típicos de la tierra andaluza. En *Bodas de sangre*, por ejemplo, abundan las referencias a la aridez de la tierra, al azahar que lleva la novia y al bosque encantado. El título de *Yerma*, que es el nombre de la protagonista, significa "tierra seca y estéril". El título evoca una vez más la imagen de Andalucía que se encuentra en la obra lorquiana. Estas referencias específicas al campo andaluz ponen de relieve, por otro lado, el hecho de que estas tragedias, aunque son universales en cuanto a los temas tratados, están claramente ubicadas en el sur español.

Defensor de la gente

La gente es tan importante para Lorca como la tierra. La simpatía de Lorca hacia los pobres, los explotados, los humildes y los perseguidos es uno de sus temas más importantes. Los ejemplos de este tema abundan en su obra. En su colección *Poeta en Nueva York*, Lorca comenta la situación de los negros y los pobres en los Estados Unidos, y a la vez muestra su respeto hacia el estilo poético de Walt Whitman, otro poeta que se preocupó por estos asuntos. En muchas de sus obras teatrales, los personajes pueden ser vistos como arquetipos que representan o bien a la gente oprimida o bien a los poderosos. Un ejemplo claro es la madre tirana en *La casa de Bernarda Alba*. En este caso, las hijas de Bernarda son las oprimidas, tanto literalmente como simbólicamente. Bernarda, a su vez, representa la tiranía en su casa y también el concepto abstracto de tiranía.

El flamenco

La música que expresa la pena y las pasiones de la gente en Andalucía es el flamenco, que se halla tanto en los temas como en la estructura de muchos de los poemas de Lorca. *Poema del cante jondo* es el homenaje que le dedica Lorca a este tipo de flamenco serio y sombrío. Los poemas de la famosa colección *Romancero gitano* también tratan temas como la pena, la muerte, la pasión incontrolable, el deseo y la voluntad. Lorca utiliza el flamenco, música propia de su tierra y su país, para crear una poesía que trata las emociones humanas universales. Esta mezcla de elementos asegura que Lorca puede trasmitir su mensaje universal sin perder la proximidad a su tierra natal.

La pasión humana

Las referencias a la pasión prohibida e irreprimible forman una parte importante de la obra de Lorca. En *Bodas de sangre*, la pasión prohibida entre la novia y Leonardo destruye a los amantes, a sus familias y a la inocente familia del novio. Esta pasión no es sólo incontrolable, sino que está destinada a ser la ruina de todos los que se encuentran en el camino de su fuerza inexorable. Muchas veces, las pasiones que Lorca presenta son reprimidas por la sofocante moralidad tradicional de la sociedad. Lorca nos hace saber que estos deseos innatos se vuelven más peligrosos cuando la gente intenta subordinarlos.

Imágenes

Para desarrollar sus temas, Lorca utiliza imágenes fuertes y concretas. La luna es uno de sus símbolos preferidos y evoca un ambiente de misterio y romance. Las navajas se hacen protagonistas en su obra cuando quiere expresar el miedo a la muerte. Las ya mencionadas naranjas y azahares pueden representar la pureza. Otros símbolos comunes son la sangre, los caballos, los gitanos y los ríos. Con la mezcla de muchos de estos elementos, Lorca consigue aumentar la intensidad de los temas de sus creaciones.

A SPANISH READER

Federico García Lorca

poem

Poema del cante jondo

Los tres primeros libros de poesía de Federico García Lorca permanecieron inéditos por una década. Dada su ansiedad por verlos publicados, él incluso pensó en editarlos en un solo volumen, si bien finalmente se publicaron por separado. Aunque escrito en 1921, la primera edición de Poema del cante jondo es de 1931. El poemario está impregnado de duelo y lamentación. García Lorca se inspira en el "cante jondo" y toma prestados su voz y su contenido. A través del canto gitano, típico de la región de Andalucía de donde era oriundo, recrea el paisaje de su infancia.

En la colección se hallan los símbolos favoritos del poeta: las cuerdas de una guitarra que sufre, el grito interno, la puñalada, la cueva donde se pierde la inocencia, el alba, la noche y la danza popular, entre otros. García Lorca sueña con un amor imposible que sólo es accesible después de la muerte.

La guitarra

Empieza el **llanto**[1]
de la guitarra.
Se rompen las copas
de la **madrugada**.[2]
Empieza el llanto
de la guitarra.
Es inútil
callarla.
Es imposible
callarla.
Llora monótona
como llora el agua,
como llora el viento
sobre la nevada.
Es imposible
callarla.
Llora por cosas
lejanas.
Arena del Sur caliente
que pide camelias blancas.[3]
Llora **flecha**[4] sin **blanco**,[5]
la tarde sin mañana,
y el primer pájaro muerto
sobre la **rama**.[6]
¡Oh guitarra!
Corazón **malherido**[7]
por cinco **espadas**.[8]

---

[1] **llanto**—lament, cry.

[2] **madrugada**—dawn.

[3] camelias blancas—white camellias; flowers common in the south of Spain.

[4] **flecha**—arrow.

[5] **blanco**—target.

[6] **rama**—branch.

[7] **malherido**—badly wounded.

[8] **espadas**—swords.

El grito

La elipse de un grito,
va de monte
a monte.

Desde los **olivos**[9]
será un **arco iris**[10] negro
sobre la noche azul.

¡Ay!

Como un arco de **viola**[11]
el grito ha hecho vibrar
largas cuerdas del viento.

¡Ay!

(Las gentes de las **cuevas**[12]
asoman[13] sus velones.)[14]

¡Ay!

El silencio

Oye, hijo mío, el silencio.
Es un silencio **ondulado**,[15]
un silencio,

---

[9] **olivos**—olive trees.

[10] **arco iris**—rainbow.

[11] viola—viola; stringed instrument similar in form to a violin, but slightly larger, with thicker strings, and tuned a fifth below the violin.

[12] **cuevas**—caves.

[13] **asoman**—barely show.

[14] velones—large candles.

[15] **ondulado**—rolling.

donde **resbalan**[16] **valles**[17] y ecos
y que inclina las **frentes**[18]
hacia el suelo.

Evocación

Tierra seca,
tierra quieta
de noches
inmensas.

(Viento en el **olivar**,[19]
viento en la sierra.)

Tierra
vieja
del **candil**[20]
y la pena.
Tierra
de las **hondas**[21] cisternas.
Tierra
de la muerte sin ojos
y las flechas.

(Viento por los caminos.
Brisa en las **alamedas**.)[22]

---

[16] **resbalan**—slip.
[17] **valles**—valleys.
[18] **frentes**—foreheads.
[19] **olivar**—olive grove.
[20] **candil**—oil lamp.
[21] **hondas**—deep.
[22] **alamedas**—poplar groves.

Puñal

El **puñal**[23]
entra en el corazón
como la **reja**[24] del **arado**[25]
en el **yermo**.[26]
          No.
No me lo **claves**.[27]
          No.

El puñal,
como un rayo de sol,
incendia las terribles
hondonadas.
          No.
No me lo claves.
          No.

Encrucijada

Viento del Este;
un **farol**[28]
y el puñal
en el corazón.
La calle
tiene un temblor

---

[23] **puñal**—dagger.

[24] reja—plowshare; the cutting blade of a plow.

[25] **arado**—plow.

[26] **yermo**—barren land.

[27] *claves*—stab.

[28] **farol**—street lamp.

de cuerda
en tensión,
un temblor
de enorme **moscardón.**[29]
Por todas partes
yo
veo el puñal
en el corazón.

¡Ay!

El grito deja en el viento
una sombra de **ciprés.**[30]

(Dejadme en este campo
llorando.)

Todo se ha roto en el mundo.
No queda más que el silencio.

(Dejadme en este campo
llorando.)

El horizonte sin luz
está **mordido**[31] de **hogueras.**[32]

(Ya os he dicho que me dejéis
en este campo
llorando.)

---

[29] **moscardón**—bumblebee or horsefly.
[30] **ciprés**—cypress tree.
[31] **mordido**—bitten.
[32] **hogueras**—bonfires.

Encuentro

Ni tú ni yo estamos
en disposición
de encontrarnos.
Tú . . . por lo que ya sabes.
¡Yo la he querido tanto!
Sigue esa **veredita**.[33]
En las manos,
tengo los **agujeros**[34]
de los clavos.
¿No ves cómo me estoy
desangrando?
No mires nunca atrás,
vete despacio
y **reza**[35] como yo
a San Cayetano,[36]
que ni tú ni yo estamos
en disposición
de encontrarnos.

Alba

Campanas[37] de Córdoba[38]
en la madrugada.
Campanas de amanecer
en Granada.

---

[33] **veredita**—little path.

[34] **agujeros**—holes.

[35] **reza**—pray.

[36] San Cayetano—allusions to this Catholic saint appear in *cante jondo* songs. The poet took them from the popular tradition.

[37] **Campanas**—bells.

[38] Córdoba—one of the eight provinces in Andalusia. Cordoba is situated on the banks of the Guadalquivir river.

Os sienten todas las muchachas
que lloran a la tierna
soleá[39] **enlutada.**[40]
Las muchachas,
de Andalucía la alta
y la baja.
Las niñas de España,
de pie **menudo**[41]
y temblorosas faldas,
que han llenado de luces
las **encrucijadas.**[42]
¡Oh, campanas de Córdoba
en la madrugada,
y oh, campanas de amanecer
en Granada!

Arqueros

Los arqueros oscuros
a Sevilla se acercan.[43]

Guadalquivir[44] *abierto.*

Anchos[45] sombreros grises,
largas capas lentas.

---

[39] soleá—Andalusian shortening of the word *soledad* (loneliness, solitude). The *soleá* is also a melancholic Andalusian folk tune.

[40] **enlutada**—dressed in mourning.

[41] **menudo**—small, tiny.

[42] **encrucijadas**—crossroads.

[43] Los arqueros oscuros/a Sevilla se acercan—the dark archers approach Seville. In Holy Week processions that run through Seville in the spring, the archers are men responsible for voicing the *saetas*, flamenco verses of the *cante jondo*. The next four poems deal with Spanish Holy Week processions.

[44] *Guadalquivir*—a major river of southern Spain. The Guadalquivir runs directly past Seville and provides the city with an important trade route.

[45] **Anchos**—broad.

¡Ay, Guadalquivir!

Vienen de los remotos
países de la pena.

Guadalquivir abierto.

Y van a un laberinto.
Amor, cristal y piedra.

¡Ay, Guadalquivir!

Procesión

Por la calleja vienen
extraños unicornios.[46]
¿De qué campo,
de qué **bosque**[47] mitológico?
Más cerca,
ya parecen astrónomos.
Fantásticos Merlines[48]
y el Ecce Homo,[49]
Durandarte[50] encantado,
Orlando[51] furioso.

---

[46] unicornios—unicorns. In Holy Week processions, people who march wear costumes with pointed hoods, which makes the wearers resemble unicorns.

[47] **bosque**—woods, forest.

[48] Merlines—Merlins; here, a reference to Merlin, the prophet and magician from the legend of King Arthur.

[49] Ecce Homo—from the Latin "Behold the Man," a theme prevalent in western Christian art between the 15th and 17th century. The phrase was supposed to have been spoken by Pontius Pilate to the Jews when they demanded the crucifixion of Jesus. The art with this theme typically shows a mocked and scourged Christ, nevertheless expressing compassion toward his accusers.

[50] Durandarte—character from the chivalrous novel of the Spanish Carolingian tradition.

[51] Orlando—epic hero from the poem *Orlando furioso.*

Paso

Virgen con miriñaque,[52]
virgen de la Soledad,[53]
abierta como un inmenso
tulipán.[54]
En tu barco de luces
vas
por la alta **marea**[55]
de la ciudad,
entre saetas[56] turbias
y estrellas de cristal.
Virgen con miriñaque,
tú vas
por el río de la calle,
¡hasta el mar!

Madrugada

Pero como el amor
los saeteros
están ciegos.

Sobre la noche verde,
las saetas
dejan rastros de **lirio**[57]
caliente.

---

[52] miriñaque—hoop skirts, crinoline.

[53] virgen de la Soledad—virgin of Solitude. The virgin is one of the most
important figures in religious processions.

[54] tulipán—tulip; a brightly colored flower shaped like an upside-down bell.

[55] **marea**—tide.

[56] saetas—*cante jondo* songs interpreted in the religious processions of Holy
Week. In these songs religious figures are frequently humanized, in this case,
the Virgin.

[57] **lirio**—iris.

La **quilla**[58] de la luna
rompe nubes moradas
y las **aljabas**[59]
se llenan de **rocío**.[60]

¡Ay, pero como el amor
los saeteros
están ciegos!

Las seis cuerdas

La guitarra,
hace llorar a los sueños.
El **sollozo**[61] de las almas
perdidas,
se escapa por su boca
redonda.
Y como la tarántula
teje[62] una gran estrella
para **cazar**[63] **suspiros**,[64]
que flotan en su negro
aljibe[65] de madera.

---

[58] **quilla**—keel; the long, specially shaped piece of wood or steel along the bottom of a boat.

[59] **aljabas**—quivers.

[60] **rocío**—dew.

[61] **sollozo**—sob.

[62] **teje**—weaves.

[63] **cazar**—to catch.

[64] **suspiros**—sighs.

[65] **aljibe**—cistern; tank, usually subterranean, in which rain or spring water is collected and stored.

Danza

En el huerto[66] de la Petenera[67]

En la noche del huerto,
seis gitanas,
vestidas de blanco
bailan.

En la noche del huerto,
coronadas,
con rosas de papel
y biznagas.[68]

En la noche del huerto,
sus dientes de **nácar**,[69]
escriben la sombra
quemada.

Y en la noche del huerto,
sus sombras se alargan,
y llegan hasta el cielo
moradas.

Muerte de la Petenera

En la casa blanca muere
la **perdición**[70] de los hombres.

---

[66] **huerto**—orchard.

[67] **Petenera**—popular song. In this poem it is embodied in the character of a tragic woman.

[68] biznagas—bishop's weeds.

[69] **nácar**—nacre, mother-of-pearl.

[70] **perdición**—ruin, downfall.

Cien jacas[71] *caracolean.*[72]
Sus *jinetes*[73] *están muertos.*

Bajo las **estremecidas**[74]
estrellas de los velones,
su falda de moaré[75] tiembla
entre sus **muslos**[76] de cobre.

Cien jacas caracolean.
Sus jinetes están muertos.

Largas sombras **afiladas**[77]
vienen del turbio horizonte,
y el bordón de una guitarra
se rompe.

Cien jacas caracolean.
Sus jinetes están muertos.

Café cantante

Lámparas de cristal
y espejos verdes.

Sobre el tablado oscuro,
la Parrala[78] sostiene
una conversación
con la muerte.

---

[71] *jacas*—ponies.
[72] *caracolean*—writhe.
[73] *jinetes*—horsemen.
[74] **estremecidas**—trembling.
[75] moaré—moiré; a fabric having a wavy, watering appearance.
[76] **muslos**—thighs.
[77] **afiladas**—sharp
[78] la Parrala—character in popular songs.

La llama,
no viene,
y la vuelve a llamar.
Las gentes
aspiran los sollozos.
Y en los espejos verdes,
largas colas de **seda**[79]
se mueven.

Lamentación de la muerte

A Miguel Benítez

Sobre el cielo negro,
culebrinas[80] *amarillas.*

   Vine a este mundo con ojos
y me voy sin ellos.
¡Señor del mayor dolor!
Y luego,
un velón y una **manta**[81]
en el suelo.

   Quise llegar a donde
llegaron los buenos.
¡Y he llegado, Dios mío! . . .
Pero luego,
un velón y una manta
en el suelo.

---

[79] **seda**—silk.

[80] *culebrinas*—flashes of lightning resembling wavy lines.

[81] **manta**—blanket.

Limoncito amarillo,
limonero.
Echad[82] los limoncitos
al viento.
¡Ya lo sabéis! . . . Porque luego,
luego,
un velón y una manta
en el suelo.

Sobre el cielo negro,
culebrinas amarillas.

Conjuro

La mano **crispada**[83]
como una medusa
ciega el ojo doliente
del candil.

As de bastos.
Tijeras en cruz.[84]

Sobre el **humo**[85] blanco
del **incienso**,[86] tiene
algo de **topo**[87] y
mariposa[88] indecisa.

As de bastos.
Tijeras en cruz.

---

[82] **Echad**—throw, toss.

[83] **crispada**—contracted.

[84] As de bastos./Tijeras en cruz.—this refrain forms part of the spell to
which the poem refers. It makes reference to the magical power of the cards
in the Spanish deck and also alludes to a widespread Andalusian superstition,
in which crossed scissors are considered a bad omen.

[85] **humo**—smoke.

[86] **incienso**—incense.

[87] **topo**—mole.

[88] **mariposa**—butterfly.

Aprieta[89] un corazón
invisible, ¿la veis?
Un corazón
reflejado en el viento.

As de bastos.
Tijeras en cruz.

Malagueña

La muerte
entra y sale
de la taberna.

Pasan caballos negros
y gente **siniestra**[90]
por los hondos caminos
de la guitarra.

Y hay un olor a sal
y a sangre de **hembra**,[91]
en los nardos[92] **febriles**[93]
de la marina.[94]

La muerte
entra y sale,
y sale y entra
la muerte
de la taberna.

---

[89] **Aprieta**—squeezes.
[90] **siniestra**—sinister.
[91] **hembra**—female.
[92] nardos—nards; aromatic white flowers.
[93] **febriles**—feverish.
[94] la marina—part of the land next to the sea. *La Malagueña*, which gives the title to this poem, is another type of popular Andalusian song, whose themes usually make reference to the sea.

Baile

La Carmen[95] está bailando
por las calles de Sevilla.
Tiene blancos los cabellos
y brillantes las pupilas.

¡Niñas,
corred las cortinas!

En su cabeza **se enrosca**[96]
una serpiente amarilla,
y va soñando en el baile
con **galanes**[97] de otros días.

¡Niñas,
corred las cortinas!

Las calles están desiertas
y en los fondos se adivinan,
corazones andaluces
buscando viejas **espinas**.[98]

¡Niñas,
corred las cortinas!

---

[95] La Carmen—reference to a character from Prosper Mereimeé's 1843 novel, later made into Bizet's opera. She symbolizes young Andalusian women; beautiful and passionate. Here the poet plays with the contrast between what the reader expects, and the already broken, older woman who is the protagonist of the poem.

[96] **se enrosca**—coils.

[97] **galanes**—gallants; men that are kind, polite, and considerate, especially towards women.

[98] **espinas**—thorns.

Adivinanza de la guitarra

En la redonda
encrucijada,
seis doncellas
bailan.
Tres de carne
y tres de plata.
Los sueños de ayer las buscan,
pero las tiene abrazadas
un Polifemo[99] de oro.
¡La guitarra!

Cruz

La cruz.
(Punto final
del camino.)

Se mira en la acequia.[100]
(Puntos suspensivos.)

---

[99] Polifemo—Polyphemus; in Greek mythology, the most famous of the cyclopes (one-eyed giants), son of Poseidon, god of the sea, and a nymph. Polyphemus is the cyclop who imprisoned Odysseus.

[100] acequia—irrigation ditch.

Canción del gitano apaleado

Veinticuatro **bofetadas**.[101]
Veinticinco bofetadas;
después, mi madre, a la noche,
me pondrá en papel de plata.

Guardia civil[102] caminera,
dadme unos **sorbitos**[103] de agua.
Agua con peces y barcos.
Agua, agua, agua, agua.

¡Ay, mandor[104] de los civiles
que estás arriba en tu sala!
¡No habrá **pañuelos**[105] de seda
para limpiarme la cara!

Canción de la madre del Amargo

Lo llevan puesto en mi **sábana**[106]
mis adelfas[107] y mi palma.

Día veintisiete de agosto
con un cuchillito de oro.

---

[101] **bofetadas**—slaps.

[102] Guardia civil—Spanish police force.

[103] **sorbitos**—little sips.

[104] mandor—reference to the authority figure in charge of the Guardia Civil Corps.

[105] **pañuelos**—handkerchiefs.

[106] **sábana**—sheet.

[107] adelfas—oleanders.

La cruz. ¡Y vamos andando!
Era moreno y amargo.
Vecinas, dadme una jarra
de **azófar**[108] con limonada.
La cruz. No llorad ninguna.
El **Amargo**[109] está en la luna.

---

[108] **azófar**—brass.

[109] **Amargo**—bitterness; here, used as a proper noun to personify bitterness.

PREGUNTAS

1. ¿Cómo expresa el poeta la pena típica del cante andaluz en los poemas que has leído? ¿Qué símbolos utiliza? Comenta tu respuesta.

2. ¿Existe alguna conexión entre el ritmo de los poemas y los temas tratados en ellos? Razona tu respuesta.

3. ¿Cuáles son, según tu opinión, los temas principales del poemario? Incluye ejemplos de los poemas en tu respuesta.

Canciones

La primera edición de Canciones apareció en 1927, unas semanas antes de que García Lorca cumpliera 29 años de edad. Al igual que su poemario anterior, los temas que se encuentran en este volumen son el paisaje y los motivos de Andalucía. El poeta mezcla el humor con el lenguaje metafórico. Existe en Canciones un deseo por esquivar cualquier referencia personal; Lorca busca en estas composiciones la sobriedad expresiva. Los poemas reflejan la admiración que sentía Lorca por el poeta del Siglo de Oro español, Luis de Góngora. También demuestra su interés por la poesía pura y el haiku, una composición poética, originaria de Japón, que se caracteriza por su brevedad y cuyos temas se centran en los elementos de la naturaleza.

Lo que le interesa a García Lorca es explorar la deshumanización del arte. Sus términos favoritos son "eco", "sombra", "espejo", y "silencio". Aun y cuando la forma poética es simple y está inspirada en las canciones populares infantiles, las canciones están escritas para el lector adulto. Incluimos aquí tres ejemplos representativos.

Canción china en Europa

A mi ahijada Isabel Clara

La señorita
del **abanico**[1]
va por el **puente**[2]
del fresco río.

Los caballeros
con sus levitas[3]
miran el puente
sin **barandillas**.[4]

La señorita
del abanico
y los volantes[5]
busca **marido**.[6]

Los caballeros
están casados
con altas rubias
de idioma blanco.[7]

Los **grillos**[8] cantan
por el Oeste.

(La señorita
va por lo verde.)

---

[1] **abanico**—fan.

[2] **puente**—bridge.

[3] levitas—frock coats.

[4] **barandillas**—railings, guardrails.

[5] volantes—flounces, wide ruffles.

[6] **marido**—husband.

[7] idioma blanco—white language; reference to the language of the privileged classes.

[8] **grillos**—crickets.

Los grillos cantan
bajo las flores.

(Los caballeros
van por el Norte.)

Flor

A Colin Hackforth

El magnífico sauce
de la lluvia,[9] caía.

¡Oh la luna redonda
sobre las ramas blancas!

Canción de noviembre y abril

El cielo **nublado**[10]
pone mis ojos blancos.

Yo, para darles vida,
les **acerco**[11] una flor
amarilla.

No consigo **turbarlos**.[12]
Siguen **yertos**[13] y blancos.

(Entre mis hombros vuela
mi alma **dorada**[14] y plena.)

---

[9] sauce de la lluvia—weeping willow.

[10] **nublado**—cloudy.

[11] **acerco**—bring over.

[12] **turbarlos**—disturb them.

[13] **yertos**—stiff, rigid, motionless.

[14] **dorada**—golden.

El cielo de abril
pone mis ojos de **añil**.[15]
Yo, para darles **alma**,[16]
les acerco una rosa
blanca.
No consigo infundir
lo blanco en el añil.
(Entre mis hombros vuela
mi alma impasible y ciega.)

---

[15] **añil**—indigo blue.
[16] **alma**—soul, spirit.

PREGUNTAS

1. ¿Cuáles son los temas principales de las composiciones?
   ¿Cómo los presenta el poeta?

2. Analiza los elementos de las canciones infantiles que se
   encuentran en los poemas.

3. Busca algunas de las metáforas utilizadas por Lorca y
   explica su significado.

4. ¿Crees que existe una relación entre la estructura de los
   poemas y los temas que tratan? Razona tu respuesta.

Romancero gitano

La voz poética de García Lorca halla en estas poesías una de sus expresiones más altas. En el volumen, que apareció en 1928, vuelve a su obsesión por la voz gitana de Andalucía. El libro causó una gran sensación, hasta tal punto que muchos empezaron a memorizar partes del romancero y recitarlas en público. La obra fue aclamada por la gran mayoría de lectores y críticos. Estamos ante una poesía sensual donde se combina lo lírico con lo teatral. Los personajes en la obra son arquetipos que se hallan ante conflictos humanos muchas veces insolubles. Hay una gran abundancia de metáforas, pero también se acude al diálogo. En definitiva, lo que le interesa a García Lorca en Romancero gitano *es explorar los temas del folklore y la superstición popular.*

Romance de la luna, luna

A Conchita García Lorca

La luna vino a la **fragua**[1]
con su polisón de nardos.
El niño la mira mira.
El niño la está mirando.
En el aire conmovido
mueve la luna sus brazos
y enseña, lúbrica y pura,
sus senos de duro **estaño**.[2]
Huye luna, luna, luna.
Si vinieran los gitanos,
harían con tu corazón
collares y anillos blancos.
Niño, déjame que baile.
Cuando vengan los gitanos,
te encontrarán sobre el **yunque**[3]
con los ojillos cerrados.
Huye luna, luna, luna,
que ya siento sus caballos.
Niño, déjame, no **pises**[4]
mi blancor **almidonado**.[5]

El jinete se acercaba
tocando el tambor del llano.[6]
Dentro de la fragua el niño,
tiene los ojos cerrados.

---

[1] **fragua**—forge; workshop containing the furnace and where ironworkers heat metals in order to forge them and where the metal is worked by beating it with a hammer.

[2] **estaño**—tin.

[3] yunque—anvil; heavy iron block on which hot metals are beaten into a particular shape.

[4] **pises**—tread on.

[5] **almidonado**—starched.

[6] tambor del llano—the drum of the plains; metaphor that refers to the horses' hoofbeats on the plains.

Por el olivar venían,
bronce y sueño, los gitanos.
Las cabezas levantadas
y los ojos **entornados**.[7]

¡Cómo canta la zumaya,[8]
ay cómo canta en el árbol!
Por el cielo va la luna
con un niño de la mano.

Dentro de la fragua lloran,
dando gritos, los gitanos.
El aire la **vela**,[9] vela.
El aire la está velando.

Romance sonámbulo

A Gloria Giner
y a Fernando de los Ríos

Verde que te quiero verde.
Verde viento. Verdes ramas.
El barco sobre la mar
y el caballo en la montaña.
Con la sombra en la **cintura**[10]
ella sueña en su **baranda**,[11]
verde carne, pelo verde,
con ojos de fría plata.

---

[7] **entornados**—half-closed.

[8] zumaya—night heron.

[9] **vela**—keeps watch over.

[10] **cintura**—waist.

[11] **baranda**—balcony.

Verde que te quiero verde.
Bajo la luna gitana,
las cosas la están mirando
y ella no puede mirarlas.

* * *

Verde que te quiero verde.
Grandes estrellas de **escarcha**,[12]
vienen con el pez de sombra
que abre el camino del alba.
La **higuera**[13] **frota**[14] su viento
con la **lija**[15] de sus ramas,
y el monte, gato **garduño**,[16]
eriza[17] sus pitas[18] **agrias**.[19]
¿Pero quién vendrá? ¿Y por dónde...?
Ella sigue en su baranda,
verde carne, pelo verde,
soñando en la mar amarga.

* * *

Compadre, quiero cambiar
mi caballo por su casa,
mi montura por su espejo,
mi cuchillo por su manta.
Compadre, vengo sangrando,
desde los puertos de Cabra.[20]
Si yo pudiera, mocito,

---

[12] **escarcha**—white frost.

[13] **higuera**—fig tree.

[14] **frota**—rubs.

[15] **lija**—sandpaper.

[16] **garduño**—thief.

[17] **eriza**—bristles.

[18] pitas—aloes.

[19] **agrias**—bitter.

[20] los puertos de Cabra—the passes of Cabra in Andalusia; a place where, historically, much smuggling has taken place.

este trato se cerraba.
Pero yo ya no soy yo.
Ni mi casa es ya mi casa.
Compadre, quiero morir
decentemente en mi cama.
De acero, si puede ser,
con las sábanas de holanda.
¿No veis la **herida**[21] que tengo
desde el pecho a la garganta?
Trescientas rosas morenas
lleva tu pechera blanca.
Tu sangre **rezuma**[22] y huele
alrededor de tu faja.[23]
Pero yo ya no soy yo.
Ni mi casa es ya mi casa.
Dejadme subir al menos
hasta las altas barandas,
¡dejadme subir!, dejadme
hasta las verdes barandas.
Barandales de la luna
por donde **retumba**[24] el agua.

* * *

Ya suben los dos compadres
hacia las altas barandas.
Dejando un rastro de sangre.
Dejando un rastro de lágrimas.
Temblaban en los tejados
farolillos de **hojalata**.[25]

---

[21] **herida**—wound.
[22] **rezuma**—oozes.
[23] faja—sash.
[24] **retumba**—resounds.
[25] **hojalata**—tin.

Mil **panderos**[26] de cristal,
herían[27] la madrugada.

* * *

Verde que te quiero verde,
verde viento, verdes ramas.
Los dos compadres subieron.
El largo viento, dejaba
en la boca un raro gusto
de hiel, de menta y de **albahaca**.[28]
¡Compadre! ¿Dónde está, dime?
¿Dónde está tu niña amarga?
¡Cuántas veces te esperó!
¡Cuántas veces te esperara,
cara fresca, negro pelo,
en esta verde baranda!

* * *

Sobre el rostro del aljibe,
se mecía[29] la gitana.
Verde carne, pelo verde,
con ojos de fría plata.
Un **carámbano**[30] de luna
la sostiene sobre el agua.
La noche se puso íntima
como una pequeña plaza.
Guardias civiles borrachos
en la puerta golpeaban.
Verde que te quiero verde.
Verde viento. Verdes ramas.
El barco sobre la mar.
Y el caballo en la montaña.

---

[26] **panderos**—tambourines.

[27] **herían**—were piercing.

[28] **albahaca**—basil.

[29] **se mecía**—she swayed.

[30] **carámbano**—icicle.

La monja gitana

A José Moreno Villa

Silencio de cal[31] y mirto.[32]
Malvas[33] en las hierbas finas.
La monja[34] borda alhelíes[35]
sobre una tela pajiza.[36]
Vuelan en la araña[37] gris,
siete pájaros del prisma.
La iglesia gruñe[38] a lo lejos
como un oso panza[39] arriba.
¡Qué bien borda! ¡Con qué gracia!
Sobre la tela pajiza,
ella quisiera bordar
flores de su fantasía.
¡Qué girasol![40] ¡Qué magnolia
de lentejuelas y cintas![41]
¡Qué azafranes[42] y qué lunas,
en el mantel[43] de la misa![44]
Cinco toronjas[45] se endulzan
en la cercana cocina.

---

[31] **cal**—lime.
[32] mirto—myrtle.
[33] Malvas—mallow.
[34] **monja**—nun.
[35] alhelíes—stocks; sweet-scented flowers.
[36] **pajiza**—straw-colored.
[37] **araña**—chandelier.
[38] **gruñe**—growls.
[39] **panza**—belly.
[40] **girasol**—sunflower.
[41] **cintas**—ribbons.
[42] **azafranes**—saffron.
[43] mantel—altar cloth.
[44] **misa**—mass.
[45] **toronjas**—grapefruits.

58 **Federico García Lorca**

Las cinco **llagas**[46] de Cristo
cortadas en Almería.
Por los ojos de la monja
galopan dos **caballistas**.[47]
Un rumor último y **sordo**[48]
le despega la camisa,
y al mirar nubes y montes
en las yertas lejanías,
se quiebra su corazón
de azúcar y yerbaluisa.
¡Oh!, qué **llanura**[49] **empinada**[50]
con veinte soles arriba.
¡Qué ríos puestos de pie
vislumbra[51] su fantasía!
Pero sigue con sus flores,
mientras que de pie, en la **brisa**,[52]
la luz juega el **ajedrez**[53]
alto de la celosía.

---

[46] **llagas**—wounds.
[47] **caballistas**—horsemen.
[48] **sordo**—suppressed, muffled.
[49] **llanura**—plain, prairie.
[50] **empinada**—steep.
[51] **vislumbra**—catch a glimpse of.
[52] **brisa**—breeze.
[53] **ajedrez**—chess.

Romance de la pena negra

A José Navarro Pardo

Las piquetas[54] de los gallos
cavan[55] buscando la aurora,
cuando por el monte oscuro
baja Soledad Montoya.[56]
Cobre amarillo, su carne,
huele a caballo y a sombra.
Yunques **ahumados**[57] sus pechos,
gimen[58] canciones redondas.
Soledad: ¿por quién preguntas
sin compaña y a estas horas?
Pregunte por quien pregunte,
dime: ¿a ti qué se te importa?
Vengo a buscar lo que busco,
mi alegría y mi persona.
Soledad de mis **pesares**,[59]
caballo que **se desboca**,[60]
al fin encuentra la mar
y se lo tragan las olas.
No me recuerdes el mar,
que la pena negra, **brota**[61]
en las tierras de aceituna
bajo el rumor de las hojas.
¡Soledad, qué pena tienes!
¡Qué pena tan lastimosa!

---

[54] piquetas—pickaxes.

[55] **cavan**—dig.

[56] Soledad Montoya—generic name that is intended to represent the incurable pain of the gypsy people.

[57] **ahumados**—smoked.

[58] **gimen**—moan.

[59] **pesares**—sorrows.

[60] **se desboca**—bolts.

[61] **brota**—flows.

Lloras zumo de limón
agrio de espera y de boca.
¡Qué pena tan grande! Corro
mi casa como una loca,
mis dos **trenzas**[62] por el suelo,
de la cocina a la alcoba.
¡Qué pena! Me estoy poniendo
de **azabache**,[63] carne y ropa.
¡Ay mis camisas de **hilo**![64]
¡Ay mis muslos de **amapola**![65]
Soledad: lava tu cuerpo
con agua de las **alondras**,[66]
y deja tu corazón
en paz, Soledad Montoya.

* * *

Por abajo canta el río:
volante de cielo y hojas.
Con flores de **calabaza**,[67]
la nueva luz se corona.
¡Oh pena de los gitanos!
Pena limpia y siempre sola.
¡Oh pena de **cauce**[68] oculto
y madrugada remota!

---

[62] **trenzas**—braids.
[63] **azabache**—jet black.
[64] **hilo**—linen.
[65] **amapola**—poppy.
[66] **alondras**—larks.
[67] **calabaza**—pumpkin.
[68] **cauce**—path, course.

Prendimiento de Antoñito el Camborio en el camino de Sevilla

A Margarita Xirgu

Antonio Torres Heredia,
hijo y nieto de Camborios,
con una vara de mimbre[69]
va a Sevilla a ver los toros.[70]
Moreno de verde luna
anda despacio y **garboso**.[71]
Sus **empavonados**[72] bucles
le brillan entre los ojos.
A la mitad del camino
cortó limones redondos,
y los fue tirando al agua
hasta que la puso de oro.
Y a la mitad del camino,
bajo las ramas de un **olmo**,[73]
guardia civil caminera
lo llevó codo con codo.[74]

---

[69] vara de mimbre—branch from an osier, a willow tree whose flexible twigs are generally used for making baskets.

[70] a ver los toros—to see a bullfight, one of the most popular traditions of Spain and one that is especially important in Andalusia.

[71] **garboso**—gracefully.

[72] **empavonados**—lustrous.

[73] **olmo**—elm.

[74] codo con codo—with the elbows tied behind the back, how prisoners are taken.

* * *

El día se va despacio,
la tarde colgada a un hombro,
dando una larga torera
sobre el mar y los **arroyos**.[75]
Las aceitunas aguardan
la noche de Capricornio,[76]
y una corta brisa, **ecuestre**,[77]
salta los montes de plomo.
Antonio Torres Heredia,
hijo y nieto de Camborios,
viene sin vara de mimbre
entre los cinco tricornios.[78]

Antonio, ¿quién eres tú?
Si te llamaras Camborio,
hubieras hecho una fuente
de sangre, con cinco **chorros**.[79]
Ni tú eres hijo de nadie,
ni legítimo Camborio.
¡Se acabaron los gitanos
que iban por el monte solos!
Están los viejos cuchillos
tiritando[80] bajo el **polvo**.[81]

---

[75] **arroyos**—streams.

[76] la noche de Capricornio—the longest night of the year; an image that intensifies the darkness suggested by the poem.

[77] **ecuestre**—equestrian.

[78] tricornios—hats with the brim folded so as to form three points, such as those worn by the Guardia Civil. Here, *cinco tricornios* signifies five members of the Guardia Civil.

[79] **chorros**—spurts.

[80] **tiritando**—shivering.

[81] **polvo**—dust.

* * *

A las nueve de la noche
lo llevan al **calabozo**,[82]
mientras los guardias civiles
beben limonada todos.
Y a las nueve de la noche
le cierran el calabozo,
mientras el cielo **reluce**[83]
como la grupa[84] de un potro.

Muerte de Antoñito el Camborio

A José Antonio Rubio Sacristán

Voces de muerte sonaron
cerca del Guadalquivir.
Voces antiguas que cercan
voz de **clavel**[85] **varonil**.[86]
Les clavó sobre las botas
mordiscos de jabalí.[87]
En la lucha daba saltos
jabonados de **delfín**.[88]
Bañó con sangre enemiga
su corbata **carmesí**,[89]

---

[82] **calabozo**—jail.

[83] **reluce**—gleams.

[84] grupa—hindquarters.

[85] **clavel**—carnation.

[86] **varonil**—manly.

[87] jabalí—wild boar.

[88] **delfín**—dolphin.

[89] **carmesí**—crimson.

64   **Federico García Lorca**

pero eran cuatro puñales
y tuvo que **sucumbir**.[90]
Cuando las estrellas clavan
rejones[91] al agua gris,
cuando los erales[92] sueñan
verónicas de alhelí,
voces de muerte sonaron
cerca del Guadalquivir.

* * *

Antonio Torres Heredia,
Camborio de dura **crin**,[93]
moreno de verde luna,
voz de clavel varonil:
¿Quién te ha quitado la vida
cerca del Guadalquivir?
Mis cuatro primos Heredias
hijos de Benamejí.
Lo que en otros **no envidiaban**,[94]
ya lo envidiaban en mí.
Zapatos color corinto,[95]
medallones de **marfil**,[96]
y este cutis **amasado**[97]
con aceituna y jazmín.
¡Ay Antoñito el Camborio,
digno de una Emperatriz!
Acuérdate de la Virgen
porque te vas a morir.

---

[90] **sucumbir**—to succumb.

[91] **rejones**—spears.

[92] erales—young oxen or bulls.

[93] **crin**—mane.

[94] **no envidiaban**—they didn't envy.

[95] corinto—deep red, purplish; color of prunes from Corinth, a city of Greece.

[96] **marfil**—ivory.

[97] **amasado**—kneaded, rubbed down.

¡Ay Federico García,
llama a la Guardia Civil!
Ya mi talle se ha quebrado[98]
como caña de maíz.

* * *

Tres golpes de sangre tuvo
y se murió de perfil.[99]
Viva moneda que nunca
se volverá a repetir.
Un ángel marchoso[100] pone
su cabeza en un cojín.[101]
Otros de rubor[102] cansado,
encendieron un candil.
Y cuando los cuatro primos
llegan a Benamejí,
voces de muerte cesaron
cerca del Guadalquivir.

---

[98] **se ha quebrado**—has broken.
[99] **perfil**—profile.
[100] **marchoso**—generous.
[101] **cojín**—pillow.
[102] **rubor**—blushing.

PREGUNTAS

1. La luna es uno de los símbolos más recurrentes en la obra
   lorquiana. ¿Qué simboliza la luna en cada una de las
   composiciones que has leído? Cita ejemplos.

2. ¿Qué elementos del folklore popular se encuentran en la
   estructura y en los temas de los poemas? Enuméralos y
   analiza la forma en la que han sido presentados por el
   poeta. ¿Qué función cumplen?

3. Los protagonistas del *Romancero gitano* son gitanos. ¿Qué
   representa esta raza para Lorca y qué metáforas utiliza para
   expresarlo? Cita ejemplos de los poemas.

Poeta en Nueva York

Federico García Lorca, después de haber realizado pequeños viajes por España y Francia, se embarcó en un largo peregrinaje por América entre los años 1929 y 1930, comenzando por Nueva York y llegando hasta Buenos Aires. Producto de su estancia en Manhattan y sus alrededores es el poemario Poeta en Nueva York, *una de las joyas de la literatura hispánica. El autor ofrece una crónica de su estadía en Columbia University, sus paseos por Harlem y su interés por la visión multitudinaria de Walt Whitman. El resultado es asombroso: García Lorca se deja perder entre las masas de gente, arrullar por el vaivén de la naturaleza y la arquitectura y conmover por la desigualdad social. La selección que ofrecemos a continuación es una muestra de esos viajes por la urbe de hierro.*

El rey de Harlem

Con una cuchara,
arrancaba[1] los ojos a los cocodrilos
y **golpeaba**[2] el trasero de los monos.
Con una cuchara.

Fuego de siempre dormía en los **pedernales**[3]
y los **escarabajos**[4] borrachos de anís
olvidaban el **musgo**[5] de las aldeas.

Aquel viejo cubierto de **setas**[6]
iba al sitio donde lloraban los negros
mientras crujía la cuchara del rey
y llegaban los tanques de agua **podrida**.[7]

Los rosas huían por los **filos**[8]
de las últimas curvas del aire,
y en los montones de azafrán
los niños **machacaban**[9] pequeñas ardillas
con un rubor de **frenesí**[10] manchado.

Es preciso cruzar los puentes
y llegar al rubor negro
para que el perfume de pulmón
nos golpee las **sienes**[11] con su vestido
de caliente piña.

---

[1] **arrancaba**—scooped out.

[2] **golpeaba**—spanked.

[3] **pedernales**—flints.

[4] **escarabajos**—beetles.

[5] **musgo**—moss.

[6] **setas**—mushrooms.

[7] **podrida**—putrid.

[8] **filos**—edges.

[9] **machacaban**—were mauling.

[10] **frenesí**—frenzy.

[11] **sienes**—temples.

Es preciso matar al rubio vendedor de **aguardiente**,[12]
a todos los amigos de la manzana y de la arena,
y es necesario dar con los **puños**[13] cerrados
a las pequeñas judías que tiemblan llenas de **burbujas**,[14]
para que el rey de Harlem cante con su **muchedumbre**,[15]
para que los cocodrilos duerman en largas filas
bajo el amianto[16] de la luna,
y para que nadie dude de la infinita belleza
de los plumeros, los ralladores,[17] los cobres[18] y las
   cacerolas de las cocinas.

¡Ay Harlem! ¡Ay Harlem! ¡Ay Harlem!
¡No hay angustia comparable a tus rojos oprimidos,
a tu sangre estremecida dentro del eclipse oscuro,
a tu violencia granate sordomuda en la **penumbra**,[19]
a tu gran rey prisionero con un traje de conserje![20]

*   *   *

Tenía la noche una **hendidura**[21] y quietas salaman-
   dras de marfil.
Las muchachas americanas
llevaban niños y monedas en el **vientre**,[22]
y los muchachos **se desmayaban**[23] en la cruz del
   desperezo.[24]

---

[12] **aguardiente**—brandy.

[13] **puños**—fists.

[14] **burbujas**—bubbles.

[15] **muchedumbre**—crowd, throng.

[16] amianto—asbestos.

[17] ralladores—graters.

[18] cobres—brass cooking utensils.

[19] **penumbra**—twilight.

[20] conserje—janitor.

[21] **hendidura**—fissure.

[22] **vientre**—belly.

[23] **se desmayaban**—fainted.

[24] **desperezo**—stretch.

Ellos son.
Ellos son los que beben el whisky de plata junto a
    los volcanes
y **tragan**²⁵ pedacitos de corazón por las heladas
    montañas del oso.

Aquella noche el rey de Harlem,
con una durísima cuchara
arrancaba los ojos a los cocodrilos
y golpeaba el trasero de los monos.
Con una cuchara.
Los negros lloraban confundidos
entre paraguas y soles de oro,
los mulatos **estiraban**²⁶ gomas, ansiosos de llegar al
    torso blanco,
y el viento empañaba espejos
y quebraba las venas de los bailarines.

Negros, Negros, Negros, Negros.

La sangre no tiene puertas en vuestra noche boca arriba.
No hay rubor. Sangre furiosa por debajo de las pieles,
viva en la espina del puñal y en el pecho de los paisajes,
bajo las pinzas y las **retamas**²⁷ de la celeste luna de
    cáncer.²⁸

Sangre que busca por mil caminos muertes
    enharinadas²⁹ y ceniza de nardo,
cielos yertos en declive, donde las colonias de planetas
rueden por las playas con los objetos abandonados.

---

²⁵ **tragan**—devour.

²⁶ **estiraban**—were stretching.

²⁷ **retamas**—brooms; Mediterranean shrubs that have brightly-colored flowers.

²⁸ la celeste luna de cáncer—the celestial Moon of Cancer.

²⁹ **enharinadas**—covered in flour.

Sangre que mira lenta con el rabo[30] del ojo,
hecha de espartos[31] exprimidos, néctares de subterráneos.
Sangre que oxida el alisio[32] descuidado en una **huella**[33]
y disuelve a las mariposas en los cristales de la ventana.

Es la sangre que viene, que vendrá
por los **tejados**[34] y **azoteas**,[35] por todas partes,
para quemar la clorofila de las mujeres rubias,
para gemir al pie de las camas ante el insomnio de los
        lavabos
y estrellarse en una aurora de tabaco y bajo amarillo.

Hay que huir,
huir por las esquinas y encerrarse en los **últimos pisos**,[36]
porque el tuétano[37] del bosque penetrará por las **rendijas**[38]
para dejar en vuestra carne una leve huella de eclipse
y una falsa tristeza de guante **desteñido**[39] y rosa química.

* * *

Es por el silencio **sapientísimo**[40]
cuando los camareros y los cocineros y los que limpian
        con la lengua
las heridas de los millonarios
buscan al rey por las calles o en los ángulos del salitre.[41]

---

[30] rabo—tail; here, a reference to the corner of the eye.

[31] espartos—esparto grass; plant that is grown in the poor, dry soil in southeast Spain and from which comes a very strong fiber for use in making ropes, straw mats, etc.

[32] alisio—trade wind.

[33] **huella**—footprint.

[34] **tejados**—roofs.

[35] **azoteas**—terraces.

[36] **últimos pisos**—top stories.

[37] tuétano—marrow.

[38] **rendijas**—crevices.

[39] **desteñido**—faded.

[40] **sapientísimo**—wisest.

[41] salitre—saltpeter, niter; potassium nitrate.

Un viento sur de madera, oblicuo en el negro **fango**,[42]
escupe[43] a las barcas rotas y se clava puntillas en los
hombros;
un viento sur que lleva
colmillos, girasoles, alfabetos
y una pila de Volta[44] con avispas **ahogadas**.[45]

El olvido estaba expresado por tres **gotas**[46] de tinta
sobre el monóculo;
el amor, por un solo rostro invisible a flor de piedra.
Médulas y corolas componían sobre las nubes
un desierto de **tallos**[47] sin una sola rosa.

* * *

A la izquierda, a la derecha, por el Sur y por el Norte,
se levanta el muro impasible
para el topo, la aguja del agua.
No busquéis, negros, su **grieta**[48]
para **hallar**[49] la máscara infinita.
Buscad el gran sol del centro
hechos una piña **zumbadora**.[50]
El sol que **se desliza**[51] por los bosques
seguro de no encontrar una **ninfa**,[52]
el sol que destruye números y no ha cruzado nunca un
sueño,

---

[42] **fango**—mud.

[43] **escupe**—spits.

[44] **pila de Volta**—voltaic; electric battery.

[45] **ahogadas**—suffocated.

[46] **gotas**—drops.

[47] **tallos**—stems.

[48] **grieta**—cleft.

[49] **hallar**—to find.

[50] **zumbadora**—buzzing.

[51] **se desliza**—slides through.

[52] **ninfa**—nymph.

el tatuado sol que baja por el río
y **muge**[53] seguido de caimanes.

Negros, Negros, Negros, Negros.

Jamás **sierpe**,[54] ni cebra, ni mula
palidecieron[55] al morir.
El **leñador**[56] no sabe cuándo expiran
los clamorosos árboles que corta.
Aguardad bajo la sombra vegetal de vuestro rey
a que cicutas y cardos y ortigas[57] turben postreras
azoteas.

Entonces, negros, entonces, entonces,
podréis besar con frenesí las ruedas de las bicicletas,
poner parejas de microscopios en las cuevas de las ardillas
y danzar al fin, sin duda, mientras las flores **erizadas**[58]
asesinan a nuestro Moisés casi en los juncos del cielo.

¡Ay, Harlem **disfrazada**![59]
¡Ay, Harlem, **amenazada**[60] por un gentío de trajes sin
cabeza!
Me llega tu rumor,
me llega tu rumor atravesando troncos y ascensores,
a través de láminas grises,
donde flotan tus automóviles cubiertos de dientes,
a través de los caballos muertos y los crímenes
diminutos,
a través de tu gran rey desesperado,
cuyas barbas llegan al mar.

---

[53] **muge**—bellows.

[54] **sierpe**—serpent, snake.

[55] **palidecieron**—grew pale.

[56] **leñador**—woodcutter.

[57] cicutas y cardos y ortigas—hemlock and thistles and stinging nettles;
hemlock is a poisonous plant, thistles are prickly, and nettles have fine hairs
that secrete a substance that stings when it comes into contact with skin.
Here, these plants symbolize the vengeance of nature.

[58] **erizadas**—spiked.

[59] **disfrazada**—masqueraded, disguised.

[60] **amenazada**—threatened.

Danza de la muerte

El mascarón.[61] *¡Mirad el mascarón!*
¡Cómo viene del Africa a New York!

Se fueron los árboles de la pimienta,
los pequeños botones de fósforo.
Se fueron los camellos de carne **desgarrada**[62]
y los valles de luz que el **cisne**[63] levantaba con el **pico**.[64]

Era el momento de las cosas secas,
de la **espiga**[65] en el ojo y el gato laminado,
del óxido de hierro de los grandes puentes
y el definitivo silencio del corcho.

Era la gran reunión de los animales muertos,
traspasados por las espadas de la luz;
la alegría eterna del hipopótamo con las **pezuñas**[66] de
        ceniza
y de la gacela con una siempreviva en la garganta.

En la marchita soledad sin honda
el **abollado**[67] mascarón danzaba.
Medio lado del mundo era de arena,
mercurio y sol dormido el otro medio.

El mascarón. ¡Mirad el mascarón!
*¡Arena, **caimán**[68] y miedo sobre Nueva York!*

---

[61] *mascarón*—large mask.
[62] **desgarrada**—torn, tattered.
[63] **cisne**—swan.
[64] **pico**—beak.
[65] **espiga**—spike.
[66] **pezuñas**—hooves.
[67] **abollado**—dented.
[68] *caimán*—alligator.

Desfiladeros de cal aprisionaban un cielo vacío
donde sonaban las voces de los que mueren bajo el guano.
Un cielo **mondado**[69] y puro, idéntico a sí mismo,
con el bozo[70] y lirio **agudo**[71] de sus montañas invisibles,

acabó con los más leves tallitos del canto
y se fue al diluvio empaquetado de la **savia**,[72]
a través del descanso de los últimos desfiles,
levantando con el rabo pedazos de espejo.

Cuando el chino lloraba en el tejado
sin encontrar el desnudo de su mujer
y el director del banco observaba el manómetro
que mide el cruel silencio de la moneda,
el mascarón llegaba a Wall Street.

No es extraño para la danza
este columbario que pone los ojos amarillos.
De la esfinge[73] a la caja de caudales[74] hay un **hilo**[75] tenso
que **atraviesa**[76] el corazón de todos los niños pobres.
El ímpetu primitivo baila con el ímpetu mecánico,
ignorantes en su frenesí de la luz original.
Porque si la rueda olvida su fórmula,
ya puede cantar desnuda con las **manadas**[77] de caballos:
y si una llama quema los helados proyectos,
el cielo tendrá que huir ante el tumulto de las ventanas.

No es extraño este sitio para la danza, yo lo digo.
El mascarón bailará entre columnas de sangre y de
números,

---

[69] **mondado**—clean.

[70] bozo—fuzz on upper lip or cheek.

[71] **agudo**—sharp.

[72] **savia**—sap.

[73] esfinge—sphinx; a mythical figure having the body of a lion and the head of a human.

[74] caja de caudales—safe.

[75] **hilo**—thread.

[76] **atraviesa**—passes through.

[77] **manadas**—herds.

entre huracanes de oro y gemidos de obreros parados
que **aullarán**,[78] noche oscura, por tu tiempo sin luces,
¡oh **salvaje**[79] Norteamérica!, ¡oh impúdica!, ¡oh salvaje,
tendida en la frontera de la nieve!

El mascarón. ¡Mirad el mascarón!
*¡Qué ola de fango y **luciérnaga**[80] sobre Nueva York!*

Yo estaba en la terraza **luchando**[81] con la luna.
Enjambres[82] de ventanas **acribillaban**[83] un muslo de la
    noche.
En mis ojos bebían las dulces vacas de los cielos.
Y las brisas de largos remos
golpeaban los cenicientos cristales de Broadway.

La gota de sangre buscaba la luz de la yema del astro
para fingir una muerta **semilla**[84] de manzana.
El aire de la llanura, empujado por los pastores,
temblaba con un miedo de molusco sin **concha**.[85]

Pero no son los muertos los que bailan,
estoy seguro.
Los muertos están embebidos, devorando sus propias
    manos.
Son los otros los que bailan con el mascarón y su
    vihuela;[86]

---

[78] **aullarán**—will howl.

[79] **salvaje**—savage.

[80] *luciérnaga*—firefly.

[81] **luchando**—battling.

[82] **Enjambres**—swarms.

[83] **acribillaban**—riddled; filled with holes.

[84] **semilla**—seed.

[85] **concha**—shell.

[86] vihuela—an early form of guitar.

son los otros, los borrachos de plata, los hombres fríos,
los que crecen en el cruce de los muslos y llamas duras,
los que buscan la **lombriz**[87] en el paisaje de las escaleras,
los que beben en el banco lágrimas de niña muerta
o los que comen por las esquinas diminutas pirámides
del **alba**.[88]

¡Que no baile el Papa![89]
¡No, que no baile el Papa!
Ni el Rey,
ni el millonario de dientes azules,
ni las bailarinas secas de las catedrales,
ni constructores, ni esmeraldas, ni locos, ni sodomitas.
Solo este mascarón,
este mascarón de vieja escarlatina,
¡solo este mascarón!

Que ya las cobras silbarán por los últimos pisos,
que ya las ortigas estremecerán patios y terrazas,
que ya la Bolsa[90] será una pirámide de musgo,
que ya vendrán lianas después de los **fusiles**[91]
y muy pronto, muy pronto, muy pronto.
¡Ay, Wall Street!

El mascarón. ¡Mirad el mascarón!
¡Cómo escupe veneno de bosque
por la angustia imperfecta de Nueva York!

---

[87] **lombriz**—worm.
[88] **alba**—dawn.
[89] el Papa—the Pope; the head of the Catholic church.
[90] la Bolsa—the Stock Market.
[91] **fusiles**—rifles, guns.

Asesinato

(Dos voces de madrugada en Riverside Drive)

¿Cómo fue?
—Una grieta en la mejilla.
¡Eso es todo!
Una uña que aprieta el tallo.
Un **alfiler**[92] que **bucea**[93]
hasta encontrar las **raicillas**[94] del grito.
Y el mar deja de moverse.
—*¿Cómo, cómo fue?*
—Así.
—*¡Déjame! ¿De esa manera?*
—Sí.
El corazón salió solo.
—*¡Ay, ay de mí!*

Navidad en el Hudson

¡Esa **esponja**[95] gris!
Ese marinero recién **degollado.**[96]
Ese río grande.
Esa brisa de límites oscuros.
Ese filo, amor, ese filo.
Estaban los cuatro marineros luchando con el mundo,
con el mundo de **aristas**[97] que ven todos los ojos,
con el mundo que no se puede **recorrer**[98] sin caballos.

---

[92] **alfiler**—pin.
[93] **bucea**—dives.
[94] **raicillas**—little roots.
[95] **esponja**—sponge.
[96] **degollado**—decapitated.
[97] **aristas**—edges.
[98] **recorrer**—travel through; traverse.

Estaban uno, cien, mil marineros,
luchando con el mundo de las agudas velocidades,
sin **enterarse**[99] de que el mundo
estaba solo por el cielo.

El mundo solo por el cielo solo.
Son las **colinas**[100] de **martillos**[101] y el triunfo de la hierba
espesa.
Son los vivísimos **hormigueros**[102] y las monedas en el
fango.
El mundo solo por el cielo solo
y el aire a la salida de todas las aldeas.

Cantaba la lombriz el terror de la rueda
y el marinero degollado
cantaba el oso de agua que lo había de estrechar;
y todos cantaban aleluya,
aleluya. Cielo desierto.
Es lo mismo, ¡lo mismo!, aleluya.

He pasado toda la noche en los andamios de los
arrabales[103]
dejándome la sangre por la **escayola**[104] de los proyectos,
ayudando a los marineros a recoger las velas desgarradas.
Y estoy con las manos vacías en el rumor de la
desembocadura.[105]
No importa que cada minuto
un niño nuevo agite sus ramitos de venas,
ni que el parto de la **víbora**,[106] desatado bajo las ramas,
calme la sed de sangre de los que miran el desnudo.

---

[99] **enterarse**—knowing.

[100] **colinas**—hills.

[101] **martillos**—hammers.

[102] **hormigueros**—anthills.

[103] **arrabales**—slums.

[104] **escayola**—stucco.

[105] **desembocadura**—mouth (of a river).

[106] **víbora**—viper.

Lo que importa es esto: hueco. Mundo solo.
Desembocadura.
Alba no. **Fábula**[107] inerte.
Solo esto: desembocadura.
¡Oh esponja mía gris!
¡Oh cuello mío recién degollado!
¡Oh río grande mío!
¡Oh brisa mía de límites que no son míos!
¡Oh filo de mi amor, oh **hiriente**[108] filo!

Ciudad sin sueño

(Nocturno del Brooklyn Bridge)

No duerme nadie por el cielo. Nadie, nadie.
No duerme nadie.
Las criaturas de la luna huelen y rondan sus cabañas.
Vendrán las iguanas vivas a morder a los hombres que
　　　no sueñan
y el que **huye**[109] con el corazón roto encontrará por las
　　　esquinas
al increíble cocodrilo quieto bajo la tierna protesta de
　　　los astros.

　　No duerme nadie por el mundo. Nadie, nadie.
No duerme nadie.
Hay un muerto en el cementerio más lejano
que se queja tres años
porque tiene un paisaje seco en la rodilla;
y el niño que enterraron esta mañana lloraba tanto
que hubo necesidad de llamar a los perros para que
　　　callase.

---

[107] **Fábula**—fable.
[108] **hiriente**—wounding.
[109] **huye**—flees.

No es sueño la vida. ¡Alerta! ¡Alerta! ¡Alerta!
Nos caemos por las escaleras para comer la tierra húmeda
o subimos al filo de la nieve con el **coro**[110] de las dalias
    muertas.
Pero no hay olvido, ni sueño:
carne viva. Los besos **atan**[111] las bocas
en una **maraña**[112] de venas recientes
y al que le duele su dolor le dolerá sin descanso
y el que **teme**[113] la muerte la llevará sobre sus hombros.

  Un día
los caballos vivirán en las tabernas
y las hormigas furiosas
atacarán los cielos amarillos que se refugian en los
    ojos de las vacas.

  Otro día
veremos la resurrección de las mariposas **disecadas**[114]
y aun andando por un paisaje de esponjas grises y
    barcos **mudos**[115]
veremos brillar nuestro anillo y **manar**[116] rosas de
    nuestra lengua.
¡Alerta! ¡Alerta! ¡Alerta!
A los que guardan todavía huellas de **zarpa**[117] y
    aguacero,[118]
a aquel muchacho que llora porque no sabe la
    invención del puente
o a aquel muerto que ya no tiene más que la cabeza y
    un zapato,
hay que llevarlos al muro donde iguanas y sierpes esperan,

---

[110] **coro**—choir.
[111] **atan**—tie.
[112] **maraña**—tangle.
[113] **teme**—fears.
[114] **disecadas**—dissected.
[115] **mudos**—mute.
[116] **manar**—flow.
[117] **zarpa**—paw.
[118] **aguacero**—downpour.

donde espera la dentadura del oso,
donde espera la mano momificada del niño
y la piel del camello se eriza con un violento
    escalofrío[119] azul.
No duerme nadie por el cielo. Nadie, nadie.
No duerme nadie.
Pero si alguien cierra los ojos,
¡**azotadlo**,[120] hijos míos, azotadlo!
Haya un panorama de ojos abiertos
y amargas llagas encendidas.
No duerme nadie por el mundo. Nadie, nadie.
Ya lo he dicho.
No duerme nadie.
Pero si alguien tiene por la noche exceso de musgo en
    las sienes,
abrid los escotillones[121] para que vea bajo la luna
las copas falsas, el veneno y la **calavera**[122] de los teatros.

New York

Oficina y denuncia

A Fernando Vela

Debajo de las multiplicaciones
hay una gota de sangre de **pato**.[123]
Debajo de las divisiones
hay una gota de sangre de marinero.

---

[119] **escalofrío**—shudder, shiver.

[120] **azotadlo**—whip him.

[121] escotillones—trap doors.

[122] **calavera**—skull.

[123] **pato**—duck.

Debajo de las **sumas**,[124] un río de sangre **tierna**;[125]
un río que viene cantando
por los dormitorios de los arrabales,
y es plata, cemento o brisa
en el alba **mentida**[126] de New York.
Existen las montañas, lo sé.
Y los anteojos para la **sabiduría**,[127]
lo sé. Pero yo no he venido a ver el cielo.
He venido para ver la turbia sangre,
la sangre que lleva las máquinas a las **cataratas**[128]
y el espíritu a la lengua de la cobra.
Todos los días se matan en New York
cuatro millones de patos,
cinco millones de cerdos,
dos mil **palomas**[129] para el gusto de los agonizantes,
un millón de vacas,
un millón de **corderos**[130]
y dos millones de gallos,
que dejan los cielos hechos **añicos**.[131]
Más vale sollozar afilando la **navaja**[132]
o asesinar a los perros en las **alucinantes**[133] cacerías,
que resistir en la madrugada
los interminables **trenes**[134] de leche,
los interminables trenes de sangre
y los trenes de rosas **maniatadas**[135]
por los comerciantes de perfumes.

---

[124] **sumas**—additions, sums.
[125] **tierna**—tender.
[126] **mentida**—false.
[127] **sabiduría**—wisdom.
[128] **cataratas**—waterfalls.
[129] **palomas**—pigeons.
[130] **corderos**—lambs.
[131] **añicos**—tiny pieces.
[132] **navaja**—jack knife.
[133] **alucinantes**—hallucinating.
[134] **trenes**—trains.
[135] **maniatadas**—manacled; tied down.

Los patos y las palomas,
y los cerdos y los corderos
ponen sus gotas de sangre
debajo de las multiplicaciones,
y los terribles **alaridos**[136] de las vacas **estrujadas**[137]
llenan de dolor el valle
donde el Hudson **se emborracha**[138] con aceite.
Yo **denuncio**[139] a toda la gente
que ignora la otra mitad,
la mitad **irredimible**[140]
que levanta sus montes de cemento
donde **laten**[141] los corazones
de los animalitos que se olvidan
y donde caeremos todos
en la última fiesta de los **taladros.**[142]
Os escupo en la cara.
La otra mitad me escucha
devorando, cantando, volando en su pureza,
como los niños de las **porterías**[143]
que llevan frágiles **palitos**[144]
a los **huecos**[145] donde se oxidan
las antenas de los insectos.
No es el infierno, es la calle.
No es la muerte, es la tienda de frutas.
Hay un mundo de ríos quebrados y distancias
       inasibles[146]

---

[136] **alaridos**—bellows.
[137] **estrujadas**—squeezed, milked.
[138] **se emborracha**—gets drunk.
[139] **denuncio**—denounce.
[140] **irredimible**—unredeemable.
[141] **laten**—beat.
[142] **taladros**—drills.
[143] **porterías**—doormen's houses and offices.
[144] **palitos**—small sticks.
[145] **huecos**—holes.
[146] **inasibles**—ungraspable.

en la patita de ese gato quebrada por el automóvil,
y yo oigo el canto de la lombriz
en el corazón de muchas niñas.
Oxido, fermento, tierra estremecida.
Tierra tú mismo que nadas por los números de la
      oficina.
¿Qué voy a hacer, ordenar los paisajes?
¿Ordenar los amores que luego son fotografías,
que luego son pedazos de madera y **bocanadas**[147] de
      sangre?
No, no; yo denuncio.
Yo denuncio la **conjura**[148]
de estas desiertas oficinas
que no **radian**[149] las agonías,
que borran los programas de la **selva**,[150]
y me ofrezco a ser comido por las vacas estrujadas
cuando sus gritos llenan el valle
donde el Hudson se emborracha con aceite.

---

[147] **bocanadas**—mouthfuls.

[148] **conjura**—conspiracy.

[149] **radian**—broadcast, make known.

[150] **selva**—jungle.

PREGUNTAS

1. ¿Cuál es el tono en el que están escritos estos poemas?
   Compáralo al usado en otras obras que has leído del poeta
   andaluz. ¿A qué se debe el cambio de tono? Razona
   tu respuesta.

2. ¿Qué metáforas utiliza Lorca para retratar la situación en la
   que viven los afroamericanos en los Estados Unidos? Cita
   ejemplos del texto.

3. Analiza algunas de las frecuentes referencias a la naturaleza.
   ¿Qué significan en el conjunto de *Poeta en Nueva York*?

4. ¿En qué se parece la actitud que adopta Lorca ante los
   afroamericanos en los Estados Unidos con la que adopta
   ante los gitanos en España?

Llanto por Ignacio Sánchez Mejías

Ignacio Sánchez Mejías fue un torero famoso que se dedicó con igual fortuna al mundo de las artes. García Lorca lo describió en 1927, cuando lo conoció por vez primera y año en que se retiró del mundo de los toros, como "un héroe puro". Lorca apreciaba especialmente la pasión de Sánchez Mejías por la música y por su arte literario, notablemente andaluz, que describió como "valiente, poético y altamente imaginativo". En 1934 Sánchez Mejías regresó al toreo y murió de una herida causada por una cogida ese mismo año. García Lorca, que lo admiraba profundamente, escribió una elegía por la muerte de su amigo. Éste es el más largo de sus poemas. La colección entera está dedicada a explorar la relación entre el hombre y la naturaleza, que en este caso está representada por el toro.

La cogida y la muerte

A las cinco de la tarde.
Eran las cinco en punto de la tarde.
Un niño trajo la blanca sábana
a las cinco de la tarde.
Una **espuerta**[1] de cal ya prevenida
a las cinco de la tarde.
Lo demás era muerte y solo muerte
a las cinco de la tarde.

El viento se llevó los **algodones**[2]
a las cinco de la tarde.
Y el óxido sembró cristal y níquel
a las cinco de la tarde.
Ya luchan la paloma y el leopardo
a las cinco de la tarde.
Y un muslo con un **asta**[3] desolada
a las cinco de la tarde.
Comenzaron los sones del bordón[4]
a las cinco de la tarde.
Las campanas de arsénico y el humo
a las cinco de la tarde.
En las esquinas grupos de silencio
a las cinco de la tarde.
¡Y el toro solo corazón arriba!
a las cinco de la tarde.
Cuando el sudor de nieve fue llegando
a las cinco de la tarde,
cuando la plaza se cubrió de yodo[5]
a las cinco de la tarde,
la muerte puso huevos en la herida
a las cinco de la tarde.

---

[1] **espuerta**—two-handled basket.
[2] **algodones**—cotton wool.
[3] **asta**—horn.
[4] bordón—bass string.
[5] yodo—iodine.

A las cinco de la tarde.
A las cinco en punto de la tarde.

Un **ataúd**[6] con ruedas es la cama
a las cinco de la tarde.
Huesos y flautas suenan en su oído
a las cinco de la tarde.
El toro ya mugía por su frente
a las cinco de la tarde.
El cuarto **se irisaba**[7] de agonía
a las cinco de la tarde.
A lo lejos ya viene la gangrena
a las cinco de la tarde.
Trompa de lirio por las verdes ingles[8]
a las cinco de la tarde.
Las heridas quemaban como soles
a las cinco de la tarde,
y el gentío rompía las ventanas
a las cinco de la tarde.
A las cinco de la tarde.
¡Ay qué terribles cinco de la tarde!
¡Eran las cinco en todos los relojes!
¡Eran las cinco en sombra de la tarde!

La sangre derramada

¡Que no quiero verla!

Dile a la luna que venga,
que no quiero ver la sangre
de Ignacio sobre la arena.

---

[6] **ataúd**—coffin.
[7] **se irisaba**—shone iridescently.
[8] **ingles**—groin.

¡Que no quiero verla!

La luna de par en par.
Caballo de nubes quietas,
y la plaza gris del sueño
con sauces en las barreras.

¡Que no quiero verla!
Que mi recuerdo se quema.
¡Avisad a los jazmines
con su blancura pequeña!

¡Que no quiero verla!

La vaca del viejo mundo
pasaba su triste lengua
sobre un **hocico**[9] de sangres
derramadas en la arena,
y los toros de Guisando,
casi muerte y casi piedra,
mugieron como dos siglos
hartos[10] de pisar la tierra.
No.
¡Que no quiero verla!

Por las gradas sube Ignacio
con toda su muerte a cuestas.[11]
Buscaba el amanecer,
y el amanecer no era.
Busca su perfil seguro,
y el sueño lo desorienta.
Buscaba su hermoso cuerpo
y encontró su sangre abierta.

---

[9] **hocico**—snout.

[10] **hartos**—fed up, tired.

[11] a cuestas—on his shoulders.

¡No me digáis que la vea!
No quiero sentir el chorro
cada vez con menos fuerza;[12]
ese chorro que ilumina
los tendidos y se vuelca[13]
sobre la pana y el cuero
de muchedumbre sedienta.
¡Quién me grita que **me asome**![14]
¡No me digáis que la vea!

No se cerraron sus ojos
cuando vio los **cuernos**[15] cerca,
pero las madres terribles
levantaron la cabeza.
Y a través de las **ganaderías**,[16]
hubo un aire de voces secretas
que gritaban a toros celestes,
mayorales de pálida niebla.
No hubo príncipe en Sevilla
que comparársele pueda,
ni espada como su espada,
ni corazón tan de veras.
Como un río de leones
su maravillosa fuerza,
y como un torso de mármol
su dibujada prudencia.
Aire de Roma andaluza
le doraba la cabeza
donde su risa era un nardo
de sal y de inteligencia.
¡Qué gran torero en la plaza!
¡Qué buen **serrano**[17] en la sierra!

---

[12] **fuerza**—strength; intensity.
[13] **se vuelca**—spills, overturns.
[14] **me asome**—I should appear.
[15] **cuernos**—horns.
[16] **ganaderías**—cattle ranches.
[17] **serrano**—peasant.

¡Qué blando con las espigas!
¡Qué duro con las espuelas![18]
¡Qué tierno con el rocío!
¡Qué deslumbrante en la feria!
¡Qué tremendo con las últimas
banderillas de tiniebla!

Pero ya duerme sin fin.
Ya los musgos y la hierba
abren con dedos seguros
la flor de su calavera.
Y su sangre ya viene cantando:
cantando por marismas y **praderas**,[19]
resbalando por cuernos ateridos,
vacilando sin alma por la niebla,
tropezando con miles de pezuñas
como una larga, oscura, triste lengua,
para formar un **charco**[20] de agonía
junto al Guadalquivir de las estrellas.
¡Oh blanco muro de España!
¡Oh negro toro de pena!
¡Oh sangre dura de Ignacio!
¡Oh **ruiseñor**[21] de sus venas!
No.
¡Que no quiero verla!
Que no hay cáliz que la contenga,
que no hay **golondrinas**[22] que se la beban,
no hay escarcha de luz que la enfríe,
no hay canto ni diluvio de azucenas,[23]
no hay cristal que la cubra de plata.
No.
¡¡Yo no quiero verla!!

---

[18] espuelas—spurs.

[19] **praderas**—meadows.

[20] **charco**—pool.

[21] **ruiseñor**—nightingale.

[22] **golondrinas**—swallows.

[23] azucenas—white lillies.

Cuerpo presente

La piedra es una frente donde los sueños gimen
sin tener agua curva ni cipreses helados.
La piedra es una espalda para llevar al tiempo
con árboles de lágrimas y cintas y planetas.

Yo he visto lluvias grises correr hacia las olas
levantando sus tiernos brazos acribillados,
para no ser cazadas por la piedra tendida
que desata sus miembros sin **empapar**[24] la sangre.

Porque la piedra coge **simientes**[25] y nublados,
esqueletos[26] de alondras y lobos de penumbra;
pero no da sonidos, ni cristales, ni fuego,
sino plazas y plazas y otras plazas sin muros.

Ya está sobre la piedra Ignacio el bien nacido.
Ya se acabó; ¿qué pasa? Contemplad su figura:
la muerte le ha cubierto de pálidos azufres
y le ha puesto cabeza de oscuro minotauro.

Ya se acabó. La lluvia penetra por su boca.
El aire como loco deja su pecho hundido,
y el Amor, empapado con lágrimas de nieve,
se calienta en la **cumbre**[27] de las ganaderías.

¿Qué dicen? Un silencio con **hedores**[28] **reposa**.[29]
Estamos con un cuerpo presente que **se esfuma**,[30]
con una forma clara que tuvo ruiseñores
y la vemos llenarse de agujeros sin fondo.

---

[24] **empapar**—soaking.
[25] **simientes**—seeds.
[26] **esqueletos**—skeletons.
[27] **cumbre**—peak.
[28] **hedores**—foul odors.
[29] **reposa**—settles.
[30] **se esfuma**—fades away.

¿Quién **arruga**[31] el sudario?[32] ¡No es verdad lo que dice!
Aquí no canta nadie, ni llora en el rincón,
ni pica las espuelas, ni espanta la serpiente:
aquí no quiero más que los ojos redondos
para ver ese cuerpo sin posible descanso.

Yo quiero ver aquí los hombres de voz dura.
Los que **doman**[33] caballos y dominan los ríos:
los hombres que les suena el esqueleto y cantan
con una boca llena de sol y pedernales.

Aquí quiero yo verlos. Delante de la piedra.
Delante de este cuerpo con las riendas quebradas.
Yo quiero que me enseñen dónde está la salida
para este capitán atado por la muerte.

Yo quiero que me enseñen un llanto como un río
que tenga dulces nieblas y profundas **orillas**,[34]
para llevar el cuerpo de Ignacio y que se pierda
sin escuchar el doble **resuello**[35] de los toros.

Que se pierda en la plaza redonda de la luna
que **finge**[36] cuando niña doliente res inmóvil;
que se pierda en la noche sin canto de los peces
y en la **maleza**[37] blanca del humo **congelado**.[38]

No quiero que le tapen la cara con pañuelos
para que se acostumbre con la muerte que lleva.
Vete, Ignacio: No sientas el caliente **bramido**.[39]
Duerme, vuela, reposa: ¡También se muere el mar!

---

[31] **arruga**—creases, wrinkles.

[32] sudario—shroud, a cloth that is used for wrapping a dead body.

[33] **doman**—tame.

[34] **orillas**—shores.

[35] **resuello**—panting.

[36] **finge**—feigns.

[37] **maleza**—thicket; a small group of trees or bushes that grow closely together.

[38] **congelado**—frozen.

[39] **bramido**—bellow; loud, deep sound made by a big animal; here, a bull.

Alma ausente

No te conoce el toro ni la higuera,
ni caballos ni hormigas de tu casa.
No te conoce el niño ni la tarde
porque te has muerto para siempre.

No te conoce el **lomo**[40] de la piedra,
ni el **raso**[41] negro donde te destrozas.
No te conoce tu recuerdo mudo
porque te has muerto para siempre.

El otoño vendrá con caracolas,
uva de niebla y montes agrupados,
pero nadie querrá mirar tus ojos
porque te has muerto para siempre.

Porque te has muerto para siempre,
como todos los muertos de la Tierra,
como todos los muertos que se olvidan
en un montón de perros apagados.

No te conoce nadie. No. Pero yo te canto.
Yo canto para luego tu perfil y tu gracia.
La **madurez**[42] **insigne**[43] de tu conocimiento.
Tu **apetencia**[44] de muerte y el gusto de su boca.
La tristeza que tuvo tu valiente alegría.

Tardará mucho tiempo en nacer, si es que nace,
un andaluz tan claro, tan rico de aventura.
Yo canto su elegancia con palabras que gimen
y recuerdo una brisa triste por los olivos.

---

[40] **lomo**—back.

[41] **raso**—satin.

[42] **madurez**—maturity.

[43] **insigne**—distinguished.

[44] **apetencia**—appetite.

PREGUNTAS

1. ¿Qué metáforas utiliza el poeta para transmitir con intensidad la tragedia del suceso? ¿Qué metáforas utiliza para expresar la relación del hombre con la naturaleza?

2. Según el poeta, ¿cómo era Sánchez Mejías? Describe la personalidad del torero con tus propias palabras.

3. ¿Qué recursos literarios utiliza Lorca para expresar el dolor que siente ante la muerte de su amigo?

4. El *Llanto* está dividido en cuatro poemas. Explica el contenido temático de cada uno y las diferencias que hay entre ellos en cuanto a la estructura.

conferências

El cante jondo: primitivo canto andaluz

García Lorca ofreció esta charla sobre el famoso canto andaluz en el Centro Artístico y Literario de Granada el 19 de febrero de 1922. Fue publicada unos días más tarde en Noticiero Granadino. *En esta conferencia García Lorca explica la importancia poética que posee la voz de la música popular.*

I

Esta noche os habéis congregado en el salón del Centro Artístico para oír mi humilde pero sincera palabra, y yo quisiera que esta fuese luminosa[1] y profunda para que llegara a convenceros de la

---

[1] **luminosa**—brilliant.

maravillosa verdad artística que **encierra**[2] el primitivo canto andaluz, llamado *cante jondo*.[3]

El grupo de intelectuales y amigos entusiastas que patrocina la idea del Concurso, no hace más que dar una voz de alerta. ¡Señores, el alma música del pueblo está en gravísimo peligro! ¡El tesoro artístico de toda una **raza**[4] va camino del olvido! Puede decirse que cada día que pasa cae una **hoja**[5] del admirable árbol lírico andaluz, los viejos se llevan al sepulcro tesoros inapreciables de las pasadas generaciones, y la avalancha grosera y estúpida de los *couplés*[6] enturbia el delicioso ambiente popular de toda España.

Es una obra patriótica y digna la que se pretende realizar; es una obra de salvamento, una obra de cordialidad y amor.

Todos habéis oído hablar del *cante jondo* y, seguramente, tenéis una idea más o menos exacta de él . . . ; pero es casi seguro que a todos los no iniciados en su trascendencia histórica y artística, os evoca cosas inmorales, la taberna, la juerga,[7] el tablado del café, el ridículo jipío,[8] ¡la españolada, en suma!, y hay que evitar por Andalucía, por nuestro espíritu milenario[9] y por nuestro particularísimo corazón que esto **suceda**.[10]

No es posible que las canciones más emocionantes y profundas de nuestra misteriosa alma estén **tachadas**[11]

---

[2] **encierra**—contains.

[3] *cante jondo*—cante hondo; "profound song" (the h is aspirated), also known as "flamenco." Characteristic music and dance of the Andalusian Gypsies, who have called themselves *flamencos* since the Middle Ages. *Cante jondo* is music of great personality and intense feeling; death, anguish, despair, or religion are its main themes. Handclapping, finger snapping, and expressive shouting are considered integral accompaniments to the music.

[4] **raza**—race.

[5] **hoja**—leaf.

[6] *couplés*—also cuplés, from French *couplet*; songs very popular during the first third of the 20th century which were interpreted in variety shows.

[7] juerga—binge, spree.

[8] jipío—shout, moan, lament, etc., that is introduced into the flamenco song.

[9] milenario—thousand-year-old.

[10] **suceda**—happen.

[11] **tachadas**—branded, labeled.

de tabernarias y sucias; no es posible que el hilo que nos une con el Oriente impenetrable quieran amarrarlo en el **mástil**[12] de la guitarra juerguista; no es posible que la parte más diamantina[13] de nuestro canto quieran mancharla con el vino sombrío del chulo profesional.

Ha llegado, pues, la hora en que las voces de músicos, poetas y artistas españoles se unan, por instinto de conservación, para definir y exaltar las claras bellezas y sugestiones de estos cantos.

Unir, pues, a la idea patriótica y artística de este concurso la visión lamentable del cantaor[14] con el palito y las coplas caricaturescas del cementerio, indica una total incomprensión y un total desconocimiento de lo que se proyecta. Al leer el anuncio de la fiesta, todo hombre **sensato**,[15] no enterado de la cuestión, preguntará: ¿Qué es el *cante jondo*?

Antes de pasar adelante hay que hacer una distinción especial entre *cante jondo* y cante flamenco, distinción esencial en lo que se refiere a la antigüedad, a la estructura, al espíritu de las canciones.

Se da el nombre de *cante jondo* a un grupo de canciones andaluzas cuyo tipo genuino y perfecto es la siguiriya[16] gitana, de las que derivan otras canciones aún conservadas por el pueblo, como los polos, martinetes, carceleras y soleares. Las coplas llamadas malagueñas, granadinas, rondeñas, peteneras, etc., no pueden considerarse más que como consecuencia de las antes citadas, y tanto por su arquitectura como por su ritmo difieren de las otras. Estas son las llamadas flamencas.

---

[12] **mástil**—neck.

[13] diamantina—diamantine, diamond-like.

[14] cantaor—short for *cantador*; a flamenco singer.

[15] **sensato**—sensible.

[16] siguiriya—dance and music related to the ancestral *cante jondo* of the Gypsies. The *siguiriya* is considered one of the fundamental elements of *cante jondo*.

El gran maestro Manuel de Falla,[17] auténtica gloria de España y alma de este Concurso, cree que la caña[18] y la playera,[19] hoy desaparecidas casi por completo, tienen en su primitivo estilo la misma composición que la siguiriya y sus gemelas, y cree que dichas canciones fueron, en tiempo no muy lejano, simples variantes de la citada canción. Textos relativamente recientes le hacen suponer que la caña y la playera ocuparon en el primer tercio del siglo pasado el lugar que hoy asignamos a la siguiriya gitana. Estébanez Calderón, en sus lindísimas *Escenas andaluzas*, hace notar que la caña es el **tronco**[20] primitivo de los cantares que conservan su **filiación**[21] árabe y morisca, y observa, con su **agudeza**[22] peculiar, cómo la palabra caña se diferencia poco de *gannis*, que en árabe significa canto.

Las diferencias esenciales del *cante jondo* con el flamenco consisten en que el origen del primero hay que buscarlo en los primitivos sistemas musicales de la India, es decir, en las primeras manifestaciones del canto, mientras que el segundo, consecuencia del primero, puede decirse que toma su forma definitiva en el siglo XVIII.

El primero es un canto **teñido**[23] por el color misterioso de las primeras edades; el segundo es un canto relativamente moderno, cuyo interés emocional desaparece ante aquel. Color espiritual y color local, he aquí la **honda**[24] diferencia.

---

[17] Manuel de Falla—famous Spanish composer of the early twentieth century.

[18] caña—a popular song of Andalusian origin.

[19] playera—popular Andalusian song, similar to a Gypsy *seguidilla*; a somber, plaintive Andalusian folk song, generally composed of four verses.

[20] **tronco**—lineage.

[21] **filiación**—connection.

[22] **agudeza**—sharpness, witticism.

[23] **teñido**—tinged.

[24] **honda**—profound.

Es decir, el *cante jondo,* acercándose a los primitivos sistemas musicales de la India, es tan solo un **balbuceo**,[25] es una emisión más alta o más baja de la voz, es una maravillosa ondulación bucal, que rompe las **celdas**[26] sonoras de nuestra **escala**[27] atemperada, que no cabe en el pentagrama rígido y frío de nuestra música actual, y abre en mil pétalos las flores herméticas de los semitonos.

El cante flamenco no procede por ondulación, sino por **saltos**;[28] como en nuestra música tiene un ritmo seguro y nació cuando ya hacía siglos que Guido d'Arezzo había dado nombre a las notas.

El *cante jondo* se acerca al trino[29] del pájaro, al canto del gallo y a las músicas naturales del bosque y la fuente.

Es, pues, un rarísimo ejemplar de canto primitivo, el más viejo de toda Europa, que lleva en sus notas la desnuda y escalofriante emoción de las primeras razas orientales.

El maestro Falla, que ha estudiado profundamente la cuestión y del cual yo me documento, afirma que la siguiriya gitana es la canción tipo del grupo *cante jondo* y declara con rotundidad que es el único canto que en nuestro continente ha conservado en toda su pureza, tanto por su composición como por su estilo, las cualidades que lleva en sí el cante primitivo de los pueblos orientales.

Antes de conocer la afirmación del maestro, la siguiriya gitana me había evocado a mí (lírico incurable) un camino sin fin, un camino sin encrucijadas, que terminaba en la fuente palpitante de la poesía «niña», el

[25] **balbuceo**—babbling, stuttering.
[26] **celdas**—cells.
[27] **escala**—musical scale.
[28] **saltos**—hops.
[29] **trino**—trill.

camino donde murió el primer pájaro y se llenó de **herrumbre**[30] la primera flecha.

La siguiriya gitana comienza por un grito terrible, un grito que divide el paisaje en dos hemisferios ideales. Es el grito de las generaciones muertas, la aguda elegía de los siglos desaparecidos, es la patética evocación del amor bajo otras lunas y otros vientos.

Después, la frase melódica va abriendo el misterio de los tonos y sacando la piedra preciosa del sollozo, lágrima sonora sobre el río de la voz. Pero ningún andaluz puede resistir la emoción del escalofrío al escuchar ese grito, ni ningún canto regional puede comparársele en grandeza poética, y pocas veces, contadísimas veces, llega el espíritu humano a **conseguir**[31] **plasmar**[32] obras de tal naturaleza.

Pero nadie piense por esto que la siguiriya y sus variantes sean simplemente unos cantos trasplantados de Oriente a Occidente. No. «Se trata, cuando más (dice Manuel de Falla), de un **injerto**[33] o, mejor dicho, de una coincidencia de orígenes que, ciertamente, no se ha revelado en un solo y determinado momento, sino que obedece a la acumulación de hechos históricos y seculares **desarrollados**[34] en nuestra Península», y esta es la razón por la cual el canto peculiar de Andalucía, aunque por sus elementos esenciales coincide con el de pueblo tan **apartado**[35] geográficamente del nuestro, acusa un carácter íntimo tan propio, tan nacional, que lo hace inconfundible.

---

[30] **herrumbre**—rust.

[31] **conseguir**—to succeed in.

[32] **plasmar**—creating.

[33] **injerto**—graft.

[34] **desarrollados**—developed.

[35] **apartado**—separated.

II

Los hechos históricos a que se refiere Falla, de enorme desproporción y que tanto han influido en los cantos, son tres:

La adopción por la Iglesia española del canto litúrgico, la invasión sarracena[36] y la llegada a España de numerosas **bandas**[37] de gitanos. Son estas gentes, misteriosas y errantes, quien da la forma definitiva al cante jondo.

Demuéstralo[38] el **calificativo**[39] de «gitana» que conserva la siguiriya y el extraordinario empleo de sus vocablos en los textos de las canciones.

Esto no quiere decir, naturalmente, que este canto sea puramente de ellos, pues existiendo gitanos en toda Europa y aun en otras regiones de nuestra Península, estos cantos no son cultivados más que por los nuestros.

Se trata de un canto puramente andaluz, que ya existía en germen en esta región, antes que los gitanos llegaran a ella.

Las coincidencias que el gran maestro nota entre los elementos esenciales del cante jondo, y los que aún acusan algunos cantos de la India, son:

«El enharmonismo, como medio modulante; el empleo de un **ámbito**[40] melódico tan **recluido**,[41] que rara vez traspasa los límites de una sexta, y el uso reiterado y hasta obsesionante de una misma nota, procedimiento propio de ciertas fórmulas de encantamiento, y hasta de aquellos recitados que pudiéramos llamar prehistóricos, ha hecho suponer a muchos que el canto es anterior al lenguaje.»

---

[36] invasión sarracena—the Saracen Invasion was a series of Byzantine attacks on Italy. *Saracen* is the medieval Christians' name for their Moslem enemies, especially those in Europe.

[37] **bandas**—bands, gangs.

[38] **Demuéstralo**—It's proven by.

[39] **calificativo**—modifier.

[40] **ámbito**—range.

[41] **recluido**—confined.

Por este modo llega el cante jondo, pero especialmente la siguiriya, a producirnos la impresión de una prosa cantada, destruyendo toda la sensación de ritmo métrico, aunque en realidad son tercetos o cuartetos asonantados[42] sus textos literarios.

«Aunque la melodía gitana es rica en **giros**[43] ornamentales, en esta —lo mismo que en los cantos de la India— solo se emplean en determinados momentos, como expresiones o **arrebatos**[44] **sugeridos**[45] por la fuerza emotiva del texto, y hay que considerarlos, según Manuel de Falla, como amplias inflexiones vocales, más que como giros de ornamentación, aunque tomen este último aspecto al ser traducido por los intervalos geométricos de la escala atemperada.»

Se puede afirmar definitivamente que en el cante jondo, lo mismo que en los cantos del corazón de Asia, la **gama**[46] musical es consecuencia directa de la que podríamos llamar gama oral.

Son muchos los autores que llegan a suponer que la palabra y el canto fueron una misma cosa, y Luis Lucas, en su obra *Acoustique nouvelle*, publicada en París en el año 1840, dice al tratar de las excelencias del género enharmónico «que es el primero que aparece en el orden natural, por imitación del canto de las aves, del grito de los animales y de los infinitos ruidos de la materia».

Hugo Riemann, en su *Estética musical*, afirma que el canto de los pájaros se acerca a la verdadera música y no cabe hacer distinción entre este y el canto del hombre por cuanto que **ambos**[47] son expresión de una sensibilidad.

---

[42] asonantados—assonated; here, a rhyme based on repetition of vowels without repetition of consonants (as in *pony* and *soapy*).

[43] **giros**—turns, spins, rotations.

[44] **arrebatos**—outbursts.

[45] **sugeridos**—prompted, suggested.

[46] **gama**—scale.

[47] **ambos**—both.

El gran maestro Felipe Pedrell, uno de los primeros españoles que se ocuparon científicamente de las cuestiones folklóricas, escribe en su magnífico *Cancionero popular español*: «El hecho de persistir en España en varios cantos populares el orientalismo musical tiene hondas raíces en nuestra nación por influencia de la civilización bizantina, antiquísima, que se tradujo en las fórmulas propias de los ritos usados en la Iglesia de España desde la conversión de nuestro país al cristianismo hasta el siglo onceno, época en que fue introducida la liturgia romana, propiamente dicha.» Falla completa lo dicho por su viejo maestro, determinando los elementos del canto litúrgico bizantino que se revelan en la siguiriya, que son:

Los modos tonales de los sistemas primitivos (que no hay que confundir con los llamados griegos), el *enharmonismo* inherente a esos modos, y la falta de ritmo métrico de la línea melódica.

«Estas mismas propiedades tienen a veces algunas canciones andaluzas muy posteriores a la adopción de la música litúrgica bizantina por la Iglesia española, canciones que guardan gran afinidad con la música que se conoce todavía en Marruecos, Argel y Túnez con el nombre emocionante, para todo granadino de corazón, de «música de los moros de Granada».

Volviendo al análisis de la siguiriya, Manuel de Falla, con su **sólida**[48] ciencia musical y su exquisita intuición, ha encontrado en esta canción «determinadas formas y caracteres independientes de sus analogías con los cantos **sagrados**[49] y la música de los moros de Granada». Es decir, ha buscado en la extraña melodía y visto el extraordinario y **aglutinante**[50] elemento gitano. Acepta la visión histórica que atribuye a los gitanos un

---

[48] **sólida**—solid, strong.

[49] **sagrados**—sacred.

[50] **aglutinante**—agglutinative, binding.

origen índico; esta versión se ajusta maravillosamente al resultado de sus interesantísimas investigaciones.

Según la versión, en el año 1400 de nuestra Era, las tribus gitanas, **perseguidas**[51] por los cien mil jinetes del Gran Tamerlán, huyeron de la India.

Veinte años más tarde, estas tribus aparecen en diferentes pueblos de Europa y entran en España con los ejércitos sarracenos, que desde la Arabia y el Egipto desembarcaban periódicamente en nuestras costas.

Y estas gentes, llegando a nuestra Andalucía, unieron los viejísimos elementos nativos con el viejísimo que ellos traían y dieron las definitivas formas a lo que hoy llamamos «cante jondo».

A ellos **debemos**,[52] pues, la creación de estos cantos, alma de nuestra alma; a ellos debemos la construcción de estos cauces líricos por donde se escapan todos los dolores y los gestos rituarios de la raza.

Y son estos cantos, señores, los que desde el último tercio del siglo pasado y lo que llevamos de este se ha pretendido encerrar en las tabernas **mal olientes**,[53] o en las mancebías.[54] La época incrédula y terrible de la zarzuela[55] española, la época de Grilo y los cuadros de historia, ha tenido la culpa. Mientras que Rusia **ardía**[56] en el amor a lo popular, única fuente, como dice Roberto Schumann, de todo arte verdadero y característico, y en Francia temblaba la ola dorada del impresionismo, en España, país casi único de tradiciones y bellezas populares, era cosa ya de baja estofa la guitarra y el cante jondo.

---

[51] **perseguidas**—hunted.

[52] **debemos**—we owe.

[53] **mal olientes**—bad-smelling.

[54] mancebías—brothels.

[55] zarzuela—a Spanish operetta having a spoken dialogue and usually a comic theme.

[56] **ardía**—was burning.

A medida que avanza el tiempo, este concepto se ha **agravado**[57] tanto que se hace preciso dar el grito defensivo para cantos tan puros y verdaderos. La juventud espiritual de España así lo comprende.

El cante jondo se ha venido cultivando desde tiempo inmemorial, y a todos los viajeros ilustres que se han aventurado a recorrer nuestros variados y extraños paisajes les han emocionado esas profundas salmodias [58] que, desde los picos de Sierra Nevada hasta los olivares sedientos de Córdoba y desde la Sierra de Cazorla hasta la alegrísima desembocadura del Guadalquivir, cruzan y definen nuestra única y complicadísima Andalucía.

Desde que Jovellanos[59] hizo llamar la atención sobre la bella e incoherente danza prima asturiana hasta el formidable Menéndez Pelayo,[60] hay un gran paso en la comprensión de las cosas populares. Artistas **aislados**,[61] poetas menores fueron estudiando estas cuestiones desde diferentes puntos de vista, hasta que han conseguido que en España se inicie la utilísima y patriótica recolección de cantos y poemas. Prueba de esto son el *Cancionero de Burgos*, hecho por Federico Olmeda; el *Cancionero de Salamanca*, hecho por Dámaso Ledesma, y el *Cancionero de Asturias*, hecho por Eduardo Martínez Torner, **costeados**[62] espléndidamente por las respectivas Diputaciones.

Pero cuando advertimos la extraordinaria importancia del cante jondo es cuando vemos la influencia casi decisiva que tuvo en la formación de la moderna escuela rusa y la alta estima en que lo tuvo el genial

---

[57] **agravado**—worsened.

[58] salmodias—psalmodies; psalms sung in worship.

[59] Jovellanos—(1744–1811) Spanish writer, economist, and politician; the most notable thinker of the 18th century Enlightenment movement in Spain.

[60] Menéndez Pelayo—(1856–1912) Spanish philologist and literary critic, considered the most astute and knowledgeable of the 19th century.

[61] **aislados**—isolated.

[62] **costeados**—sponsored.

compositor francés Claudio Debussy, ese argonauta lírico, descubridor del nuevo mundo musical.

En 1847, Miguel Iwanowitch Glinka[63] viene a Granada. Estuvo en Berlín estudiando composición con Sigfrido Dehn y había observado el patriotismo musical de Weber,[64] **oponiéndose**[65] a la influencia **nefasta**[66] que ejercían en su país los compositores italianos. Seguramente él estaba impresionado por los cantos de la inmensa Rusia y soñaba con una música natural, una música nacional, que diera la sensación grandiosa de su país.

La estancia del padre y **fundador**[67] de la escuela orientalista eslava en nuestra ciudad es en extremo curiosa.

Hizo amistad con un célebre guitarrista de entonces, llamado Francisco Rodríguez Murciano, y pasó con él horas enteras oyéndole las variaciones y falsetas de nuestros cantos y sobre el eterno ritmo del agua en nuestra ciudad nació en él la idea magnífica de la creación de su escuela y el atrevimiento de usar por vez primera la escala de tonos enteros.

Al regresar a su pueblo, dio la buena nueva y explicó a sus amigos las particularidades de nuestros cantos, que él estudió y usó en sus composiciones.

La música cambia de rumbo; el compositor ya ha encontrado la verdadera fuente.

Sus discípulos y amigos se orientan hacia lo popular, y buscan no solo en Rusia, sino en el sur de España, las estructuras para sus creaciones.

Prueba de esto son los *Souvenirs d'une nuit d'été à Madrid*, de Glinka, y algunos trozos de la *Scherezada* y el

---

[63] Miguel Iwanowitch Glinka—(1804–1857) Russian composer. Considered the founder of the nationalist Russian music school.

[64] Weber—Carl Maria von Weber (1786–1826) German composer, pianist, and conductor. One of the creators of the German romantic music movement.

[65] **oponiéndose**—opposing.

[66] **nefasta**—ill-fated.

[67] **fundador**—founder.

Capricho español, de Nicolás Rimsky Korsakow, que todos conocéis.

Vean ustedes cómo las modulaciones tristes y el grave orientalismo de nuestro cante influye desde Granada en Moscú, cómo la melancolía de la Vela es recogida por las campanas misteriosas del Kremlin.

En la exposición universal que se celebró en París el año novecientos, hubo en el **pabellón**[68] de España un grupo de gitanos que cantaban el cante jondo en toda su pureza. Aquello llamó extraordinariamente la atención a toda la ciudad, pero especialmente a un joven músico que entonces estaba en esa lucha terrible que tenemos que sostener todos los artistas jóvenes, la lucha por lo nuevo, la lucha por lo **imprevisto**,[69] el buceo en el mar del pensamiento por encontrar la emoción intacta.

Aquel joven iba un día y otro a oír los «cantaores» andaluces, y él, que tenía el alma abierta a los cuatro vientos del espíritu, **se impregnó**[70] del viejo Oriente de nuestras melodías. Era Claudio Debussy.

Andando el tiempo había de ser la más alta cumbre musical de Europa y el definidor de las nuevas teorías.

Efectivamente, en muchas obras de este músico surgen sutilísimas evocaciones de España y sobre todo de Granada, a quien consideraba, como lo es en realidad, un verdadero paraíso.

Claudio Debussy, músico de la fragancia y de la irisación, llega a su mayor grado de fuerza creadora en el poema *Iberia*, verdadera obra genial donde flotan como en un sueño perfumes y rasgos de Andalucía.

Pero donde revela con mayor exactitud la marcadísima influencia del cante jondo es en el maravilloso preludio titulado *La Puerta del Vino* y en la vaga y tierna *Soirée en Grenade*, donde están acusados,

---

[68] **pabellón**—bandstand.

[69] **imprevisto**—unforeseen, unexpected.

[70] **se impregnó**—became saturated.

a mi juicio,[71] todos los temas emocionales de la noche granadina, la lejanía azul de la vega, la Sierra saludando al tembloroso Mediterráneo, las enormes **púas**[72] de la niebla clavadas en las lontananzas, el rubato[73] admirable de la ciudad y los alucinantes juegos del agua subterránea.

Y lo más admirable de todo esto es que Debussy, aunque había estudiado seriamente nuestro cante, no conocía a Granada.

Se trata, pues, de un caso estupendo de adivinación artística, un caso de intuición genial, que **hago resaltar**[74] en elogio del gran músico y para honra de nuestra población.

Esto me recuerda el gran místico Swedenborg, cuando desde Londres vio el **incendio**[75] de Estocolmo, y las profundas adivinaciones de santos de la antigüedad.

En España, el cante jondo ha ejercido indudable influencia en todos los músicos, de la que llamo yo «grande cuerda[76] española», es decir, desde Albéniz hasta Falla, pasando por Granados. Ya Felipe Pedrell había empleado cantos populares en su magnífica ópera *La Celestina* (no representada en España, para **vergüenza**[77] nuestra) y señaló nuestra actual orientación, pero el **acierto**[78] genial lo tuvo Isaac Albéniz empleando en su obra los **fondos**[79] líricos del canto andaluz. Años más tarde, Manuel de Falla llena su música de nuestros motivos puros y bellos en su lejana forma espectral.

---

[71] a mi juicio—in my opinion.

[72] **púas**—barbs, spikes.

[73] rubato—a special tempo that, rather than obeying usual guidelines, is subject to the performer's interpretation, oftentimes to the performer's internal feeling.

[74] **hago resaltar**—I emphasize, I stress.

[75] **incendio**—fire.

[76] cuerda—string; by inference, a reference to the greatest Spanish composers.

[77] **vergüenza**—shame.

[78] **acierto**—success.

[79] **fondos**—backgrounds.

La novísima generación de músicos españoles, como Adolfo Salazar, Roberto Gerard, Federico Mompou y nuestro Angel Barrios, entusiastas propagadores del proyectado concurso, dirigen actualmente sus **espejuelos**[80] iluminadores hacia la fuente pura y renovadora del cante jondo y los deliciosos cantos granadinos, que podían llamarse castellanos, andaluces. Vean ustedes, señores, la trascendencia que tiene el cante jondo y qué acierto tan grande el que tuvo nuestro pueblo al llamarlo así. Es hondo, verdaderamente hondo, más que todos los **pozos**[81] y todos los mares que rodean el mundo, mucho más hondo que el corazón actual que lo crea y la voz que lo canta, porque es casi infinito. Viene de razas lejanas, atravesando el cementerio de los años y las frondas de los vientos marchitos. Viene del primer llanto y el primer beso.

* * *

Una de las maravillas del cante jondo, aparte de la esencial melódica, consiste en los poemas.

Todos los poetas que actualmente nos ocupamos, en más o menos escala, en la **poda**[82] y cuidado del demasiado frondoso árbol lírico que nos dejaron los románticos y los postrománticos, quedamos **asombrados**[83] ante dichos versos.

Las más infinitas gradaciones del Dolor y la Pena, puestas al servicio de la expresión más pura y exacta, laten en los tercetos y cuartetos de la siguiriya y sus derivados.

No hay nada, absolutamente nada, igual en toda España, ni en estilización, ni en ambiente, ni en justeza emocional.

---

[80] **espejuelos**—spectacles.

[81] **pozos**—wells.

[82] **poda**—pruning.

[83] **asombrados**—amazed, astonished.

Las metáforas que pueblan nuestro cancionero andaluz están casi siempre dentro de su órbita; no hay desproporción entre los miembros espirituales de los versos y consiguen **adueñarse**[84] de nuestro corazón de una manera definitiva.

Causa extrañeza y maravilla cómo el anónimo poeta de pueblo extracta en tres o cuatro versos toda la rara complejidad de los más altos momentos sentimentales en la vida del hombre. Hay coplas en que el temblor lírico llega a un punto donde no pueden llegar sino contadísimos poetas:

> Cerco tiene la luna,
> mi amor ha muerto.

En estos dos versos populares hay mucho más misterio que en todos los dramas de Maeterlinck, misterio **sencillo**[85] y real, misterio limpio y **sano**,[86] sin bosques sombríos ni barcos sin timón,[87] el enigma siempre vivo de la muerte:

> Cerco tiene la luna,
> mi amor ha muerto.

Ya vengan del corazón de la sierra, ya vengan del **naranjal**[88] sevillano o de las armoniosas costas mediterráneas, las coplas tienen un fondo común: el Amor y la Muerte..., pero un amor y una muerte vistos a través de la Sibila,[89] ese personaje tan oriental, verdadera esfinge de Andalucía.

---

[84] **adueñarse**—to take possession.

[85] **sencillo**—simple, straightforward.

[86] **sano**—healthy.

[87] timón—rudder, helm.

[88] **naranjal**—orange grove.

[89] Sibila—one of a number of women regarded as oracles or prophets by the ancient Greeks or Romans.

En el fondo de todos los poemas late la pregunta, pero la terrible pregunta que no tiene contestación. Nuestro pueblo pone los brazos en cruz mirando a las estrellas y esperará inútilmente la señal salvadora. Es un gesto patético, pero verdadero. El poema o plantea un hondo problema emocional, sin realidad posible, o lo resuelve con la Muerte, que es la pregunta de las preguntas.

La mayor parte de los poemas de nuestra región (exceptuando muchos nacidos en Sevilla) tienen las características antes citadas. Somos un pueblo triste, un pueblo estático.

Como Iván Turgueneff vio a sus paisanos, sangre y medula rusas convertidos en esfinge, así veo yo a muchísimos poemas de nuestra lírica regional.

¡Oh esfinge de las Andalucías!

A mi puerta has de llamar,
no te he de salir a abrir
y me has de sentir llorar.

Se esconden los versos detrás del **velo**[90] impenetrable y se duermen en espera del Edipo[91] que vendrá a **descifrarlos**[92] para despertar y volver al silencio. . .

Una de las características más notables de los textos del cante jondo consiste en la ausencia casi absoluta del «medio tono».

Tanto en los cantos de Asturias como en los castellanos, catalanes, vascos y gallegos[93] se nota un cierto equilibrio de sentimientos y una ponderación lírica

---

[90] **velo**—veil.

[91] Edipo—Oedipus; the figure in Greek tragedy who fulfilled a prophecy by unwittingly killing his father and marrying his mother. In remorse, he gouged out his eyes.

[92] **descifrarlos**—to decipher them.

[93] castellanos, catalanes, vascos y gallegos—Castilian, Catalonian, Basque, and Galician; people from various regions of Spain which differ from each other in language and culture.

que se presta a expresar **humildes**[94] estados de ánimo y sentimientos ingenuos, de los que puede decirse que **carece**[95] casi por completo el andaluz.

Los andaluces rara vez nos damos cuenta del «medio tono». El andaluz o grita a las estrellas o besa el polvo **rojizo**[96] de sus caminos. El medio tono no existe para él. Se lo pasa durmiendo. Y cuando por rara excepción lo usa dice:

> A mí se me importa poco
> que un pájaro en la «alamea»
> se pase de un árbol a otro.

Aunque en este cantar, por su sentimiento, aun cuando no por su arquitectura, yo noto una acusada filiación asturiana.

Es, pues, el patetismo la característica más fuerte de nuestro cante jondo.

Por eso, mientras que muchos cantos de nuestra Península tienen la facultad de evocarnos los paisajes donde se cantan, el cante jondo canta como un ruiseñor sin ojos, canta ciego, y por eso tanto sus textos como sus melodías antiquísimas tienen su mejor escenario en la noche . . . , en la noche azul de nuestro campo.

Pero esta facultad de evocación plástica que tienen muchos cantos populares españoles les quita la intimidad y la hondura de que está **henchido**[97] el cante jondo.

Hay un canto (entre los mil) en la lírica musical asturiana que es el caso típico de evocación:

> Ay de mí, perdí el camino;
> en esta triste montaña,
> ay de mí, perdí el camino,

---

[94] **humildes**—humble.
[95] **carece**—is lacking.
[96] **rojizo**—reddish, ruddy.
[97] **henchido**—filled.

déxame meté l'rebañu[98]
por Dios en la to cabaña.[99]
Entre la espesa flubina,[100]
¡ay de mí, perdí el camino!,
déxame pasar la noche
en la cabaña contigo.
Perdí el camino
entre la niebla del monte,
¡ay de mí, perdí el camino!

Es tan maravillosa la evocación de la montaña, con **pinares**[101] movidos por el viento; es tan exacta la sensación real del camino que sube a las cumbres donde las nieves sueñan; es tan verdadera la visión de la niebla, que asciende de los abismos confundiendo a las rocas **humedecidas**[102] en infinitos tonos de gris, que llega uno a olvidarse del «probe pastor» que como un niño pide **albergue**[103] a la desconocida pastora del poema. «Llega uno a olvidarse de lo esencial del poema.» La melodía de este canto ayuda extraordinariamente a la evocación plástica con un ritmo monótono verde-gris de paisaje con nieblas.

En cambio el cante jondo canta siempre en la noche. No tiene ni mañana ni tarde, ni montañas ni llanos. No tiene más que la noche, una noche ancha y profundamente estrellada. Y le sobra todo lo demás.

Es un canto sin paisaje y, por tanto, concentrado en sí mismo y terrible en medio de la sombra; **lanza**[104] sus flechas de oro, que se clavan en nuestro corazón. En medio de la sombra es como un formidable arquero azul cuya aljaba no **se agota**[105] jamás.

---

[98] déxame meté l'rebañu—allow me to shelter my flock (said in Galician).
[99] la to cabaña—in your cabin (said in Galician).
[100] la espesa flubina—the thick fog (said in Galician).
[101] **pinares**—pinewood, pine groves.
[102] **humedecidas**—damp.
[103] **albergue**—shelter.
[104] **lanza**—hurls.
[105] **se agota**—runs out.

* * *

Las preguntas que todos hacen de ¿quién hizo esos poemas?, ¿qué poeta anónimo los lanza en el escenario **rudo**[106] del pueblo?, esto realmente no tiene respuesta.

Jeanroy, en su libro *Orígenes de la lírica popular en Francia*, escribe: «El arte popular no solo es la creación impersonal, vaga e inconsciente, sino la creación «personal» que el pueblo recoge por adaptarse a su sensibilidad.» Jeanroy tiene en parte razón, pero basta tener una poca sensibilidad para advertir dónde está la creación oculta, aunque esta tenga todo el color salvaje que se quiera. Nuestro pueblo canta coplas de Melchor de Palau, de Salvador Rueda, de Ventura Ruiz Aguilera, de Manuel Machado y de otros, pero ¡qué diferencia tan notable entre los versos de estos poetas y los que el pueblo crea! ¡La diferencia que hay entre una rosa de papel y otra natural!

Los poetas que hacen cantares populares **enturbian**[107] las claras **linfas**[108] del verdadero corazón; y ¡cómo se nota en las coplas el ritmo seguro y feo del hombre que sabe gramáticas! Se debe tomar del pueblo nada más que sus últimas esencias y algún que otro trino colorista, pero nunca querer imitar fielmente sus modulaciones **inefables**,[109] porque no hacemos otra cosa que enturbiarlas. Sencillamente, por educación.

Los verdaderos poemas del cante jondo no son de nadie, están flotando en el viento como vilanos de oro y cada generación los viste de un color distinto, para abandonarlos a las futuras.

Los verdaderos poemas del cante jondo están en sustancia, sobre una **veleta**[110] ideal que cambia de dirección con el aire del Tiempo.

---

[106] **rudo**—crude.

[107] **enturbian**—disturb, make cloudy.

[108] **linfas**—lymph.

[109] **inefables**—indescribable, inexpressible.

[110] veleta—weather vane.

Nacen porque sí, son un árbol más en el paisaje, una fuente más en la alameda.

La mujer, corazón del mundo y **poseedora**[111] inmortal de la «rosa, la lira y la ciencia armoniosa», llena los ámbitos sin fin de los poemas. La mujer, en el cante jondo, se llama Pena.

Es admirable cómo a través de las construcciones líricas un sentimiento va tomando forma y cómo llega a concrecionarse en una cosa casi material. Este es el caso de la Pena.

En las coplas, la Pena se hace carne, toma forma humana y se acusa con una línea definida. Es una mujer morena que quiere cazar pájaros con **redes**[112] de viento.

Todos los poemas del cante jondo son de un magnífico panteísmo, consulta al aire, a la tierra, al mar, a la luna, a cosas tan sencillas como el romero,[113] la violeta y el pájaro. Todos los objetos exteriores toman una aguda personalidad y llegan a plasmarse hasta tomar parte activa en la acción lírica:

En mitá der «má»[114]
había una piedra
y se sentaba mi compañerita
a contarle sus penas.

Tan solamente a la Tierra
le cuento lo que me pasa,
porque en el mundo no encuentro
persona e mi confianza.

---

[111] **poseedora**—possessor.

[112] **redes**—nets.

[113] romero—rosemary.

[114] en mitá der «má»—*en mitad del mar*. Said in the Andalusian way of speaking, which is known for its tendency to drop consonants from words and to replace some consonants with *r*, as is the case of *der* instead of *del*.

Todas las mañanas voy
a preguntarle al romero
si el mal de amor tiene cura
porque yo me estoy muriendo.

El andaluz, con un profundo sentido espiritual, **entrega**[115] a la Naturaleza todo su **tesoro**[116] íntimo con la completa seguridad de que será escuchado.

Pero lo que en los poemas del cante jondo se acusa como admirable realidad poética es la extraña materialización del viento, que han conseguido muchas coplas.

El viento es personaje que sale en los últimos momentos sentimentales, aparece como un gigante preocupado de derribar estrellas y disparar nebulosas, pero en ningún poema popular he visto que hable y **consuele**[117] como en los nuestros:

Subí a la **muralla**;[118]
me respondió el viento:
¿para qué tantos suspiritos
si ya no hay **remedio**?[119]

El aire lloró
al ver las «duquitas» tan grandes
e mi corazón.

Yo me enamoré del aire,
del aire de una mujer,
como la mujer es aire,
en el aire me quedé.

---

[115] **entrega**—offers, gives.
[116] **tesoro**—treasure.
[117] **consuele**—consoles.
[118] **muralla**—wall.
[119] **remedio**—remedy, cure.

Tengo celos[120] del aire
que da en tu cara,
si el aire fuera hombre
yo lo matara.

Yo no le temo a remar,[121]
que yo remar remaría,
yo solo temo al viento
que sale de tu bahía.[122]

Es esta una particularidad deliciosa de los poemas; poemas enredados[123] en la hélice[124] inmóvil de la rosa de los vientos.[125]

Otro tema peculiarísimo y que se repite en infinidad de canciones (las más) es el tema del llanto. . .

En la siguiriya gitana, perfecto poema de las lágrimas, llora la melodía como lloran los versos. Hay campanas perdidas en los fondos y ventanas abiertas al amanecer:

De noche me sargo ar patio,
y me jarto de llorá,
en ver que te quiero tanto
y tú no me quieres ná.
Llorar, llorar ojos míos,
llorar si tenéis por qué,
que no es vergüenza en un hombre
llorar por una mujer.

---

[120] **Tengo celos**—I am jealous.

[121] **remar**—rowing.

[122] **bahía**—bay.

[123] **enredados**—entangled.

[124] hélice—helix.

[125] rosa de los vientos—compass rose.

Cuando me veas llorar
no me quites el pañuelo,
que mis penitas son grandes
y llorando me consuelo.

Y esta última, gitana y andalucísima:

Si mi corazón tuviera
birieritas[126] e cristar,
te asomaras y lo vieras
gotas de sangre llorar.

Tienen estos poemas un aire popular inconfundible y son, a mi juicio, los que van mejor en el patetismo melancólico del cante jondo.

Su melancolía es tan irresistible y su fuerza emotiva es tan perfilada que a todos los verdaderamente andaluces nos producen un llanto íntimo, un llanto que limpia el espíritu llevándolo al **limonar**[127] encendido del Amor.

No hay nada comparable en delicadeza y ternura con estos cantares, y vuelvo a insistir en la infamia que se comete con ellos, relegándolos al olvido o prostituyéndolos con la baja intención sensual o con la caricatura grosera. Aunque esto ocurre exclusivamente en las ciudades porque afortunadamente para la virgen Poesía, y para los poetas aún existen marineros que cantan sobre el mar, mujeres que duermen a sus niños a la sombra de las **parras**,[128] pastores **ariscos**[129] en las veredas de los montes; y echando **leña**[130] al fuego, que

---

[126] **birieritas**—Andalusian way of saying *vidrieritas*; little stained glass windows.

[127] **limonar**—lemon grove.

[128] **parras**—grapevines.

[129] **ariscos**—unfriendly, unsociable.

[130] **leña**—firewood.

no se ha apagado del todo, el aire apasionado de la poesía **avivará**[131] las llamas y seguirán cantando las mujeres bajo las sombras de las parras, los pastores en sus agrias veredas y los marineros sobre el ritmo fecundo del mar.

* * *

Lo mismo que en la siguiriya y sus hijas se encuentran los elementos más viejos de Oriente, lo mismo en muchos poemas que emplean el cante jondo se nota la afinidad con los cantos orientales más antiguos.

Cuando la copla nuestra llega a un extremo del dolor y del Amor, se hermana en expresión con los magníficos versos de poetas árabes y persas.

Verdad es que en el aire de Córdoba y Granada quedan gestos y líneas de la remota Arabia, como es evidente que en el turbio palimpsesto[132] del Albaicín surgen evocaciones de ciudades perdidas.

Los mismos temas del sacrificio, del Amor sin fin y del Vino aparecen expresados con el mismo espíritu en misteriosos poetas asiáticos.

Séraje-al-Warak, un poeta árabe, dice:

> La tórtola[133] que el sueño
> con sus quejas me quita,
> como yo tiene el pecho
> ardiendo en llamas vivas.

Ibn Ziati, otro poeta árabe, escribe a la muerte de su amada la misma elegía que un andaluz del pueblo hubiese cantado:

---

[131] **avivará**—will stoke up.

[132] palimpsesto—palimpsest; an ancient document imperfectly erased and then reused.

[133] tórtola—turtledove.

El visitar la tumba de mi amada
me dan mis amigos por consuelo,
mas yo les repliqué: ¿tiene ella, amigos,
otro sepulcro que mi pecho?

Pero donde la afinidad es evidente y se encuentran coincidencias nada raras es en las sublimes *Gacelas amorosas* de Hafiz, poeta nacional de Persia que cantó el vino, las hermosas mujeres, las piedras misteriosas y la infinita noche azul de Siraz.

El arte ha usado desde los tiempos más remotos la telegrafía sin hilos o los espejitos de las estrellas.

Hafiz tiene en sus gacelas varias obsesiones líricas, entre ellas la exquisita obsesión de las cabelleras:

Aunque ella no me amara
el orbe de la tierra
trocara por un solo
cabello de su crencha.[134]

Y escribe después:

Enredado en tu negra cabellera
está mi corazón desde la infancia,
hasta la muerte unión tan agradable
no será ni **deshecha**[135] ni borrada.

Es la misma obsesión que por los cabellos de las mujeres tienen muchos cantares de nuestro singular cante jondo, llenos de alusiones a las trenzas guardadas en relicarios, el **rizo**[136] sobre la frente que provoca toda una tragedia. Este ejemplo entre los muchos lo demuestra; es una siguiriya:

Si acasito muero mira que te encargo
que con las trenzas de tu pelo negro
me ates las manos.

---

[134] crencha—cluster of hair.
[135] **deshecha**—undone.
[136] **rizo**—curl, ringlet.

No hay nada más profundamente poemático que estos tres versos que revelan un triste y aristocrático sentimiento amoroso.

Cuando Hafiz trata el tema del llanto lo hace con las mismas expresiones que nuestro poeta popular, con la misma construcción espectral y a base de los mismos sentimientos:

Lloro sin cesar[137] tu ausencia,
mas ¿de qué sirve mi anhelar[138] continuo
si a tus oídos el viento rehúsa
llevar mis suspiros?

Es lo mismo que:

Yo doy suspiros al aire,
¡ay pobrecito de mí!,
y no los recoge nadie.

Hafiz dice:

Desde que el eco de mi voz no escuchas
está en la pena el corazón sumido
y a los mis ojos ardorosas fuentes
de sangre envía.

Y nuestro poeta:

Cada vez que miro el sitio
donde te he solido[139] hablar,
comienzan mis pobres ojos
gotas de sangr te a llorar.

---

[137] **sin cesar**—endlessly.
[138] **anhelar**—longing.
[139] **solido**—used to.

O esta terrible copla de siguiriya:

De aquellos quereres
no quiero acordarme,
porque me llora mi corazoncito
gotas de sangre.

En la gaceta veintisiete canta el hombre de Siraz:

Al fin mis huesos se verán un día
a polvo reducidos en la **fosa**,[140]
mas no podrá jamás el alma
borrar una pasión tan fuerte.

Que es exactamente la solución de infinidad de coplas del cante jondo. Más fuerte que la muerte es el amor.

Fue para mí, pues, de una gran emoción la lectura de estas poesías asiáticas traducidas por don Gaspar María de Nava y publicadas en París el año 1838, porque me evocaron inmediatamente nuestros «jondísimos» poemas.

También existe gran afinidad entre nuestros siguiriyeros y los poetas orientales en lo que se refiere al elogio del vino. Cantan ambos grupos el vino claro, el vino quitapenas que recuerda a los labios de las muchachas, el vino alegre, tan lejos del espantoso vino baudelairiano. Citaré una copla (creo que es un martinete), rara por cantarla un personaje que dice su nombre y su apellido (caso insólito en nuestro cancionero) y en quien yo veo personificados a todos los verdaderos poetas andaluces:

Yo me llamo Curro Pulla
por la tierra y por el mar,
y en la puerta de la **tasca**[141]
la piedra fundamental.

---

[140] **fosa**—grave.
[141] **tasca**—tavern.

Es el mayor elogio del vino que se oye en los cantares de este Curro Pulla. Como el maravilloso Omar Kayyán sabía aquello de

Se acabará mi querer,
se acabará mi llorar,
se acabará mi tormento
y todo se acabará.

Coloca[142] sobre su frente la corona de rosas del instante y mirando en el vaso lleno de néctar, ve correrse una estrella en el fondo... Y como el grandioso lírico Nishapur, siente a la vida como un tablero de ajedrez.

Es, pues, señores, el cante jondo tanto por la melodía como por los poemas una de las creaciones artísticas populares más fuertes del mundo y en vuestras manos está el conservarlo y dignificarlo para honra de Andalucía y sus gentes.

* * *

Antes de terminar esta pobre y mal construida lectura quiero dedicar un recuerdo a los maravillosos «cantaores» merced a los cuales se debe que el cante jondo haya llegado hasta nuestros días.

La figura del «cantaor» está dentro de dos grandes líneas: el arco del cielo en el exterior y el zig-zag que **culebrea**[143] dentro de su alma.

El «cantaor», cuando canta, celebra un solemne rito, saca las viejas esencias dormidas y las lanza al viento envueltas en su voz ..., tiene un profundo sentimiento religioso del canto.

---

[142] **Coloca**—he places.
[143] **culebrea**—wriggles, meanders.

La raza se vale de ellos para dejar escapar su dolor y su historia verídica. Son simples médiums, crestas líricas de nuestro pueblo.

Cantan alucinados por un punto brillante que tiembla en el horizonte, son gentes extrañas y sencillas al mismo tiempo.

Las mujeres han cantado soleares, género melancólico y humano de relativo fácil **alcance**[144] para el corazón; en cambio los hombres han cultivado con preferencia la **portentosa**[145] siguiriya gitana . . . , pero casi todos ellos han sido mártires de la pasión irresistible del cante. La siguiriya es como un cauterio[146] que quema el corazón, la garganta y los labios de los que la dicen. Hay que **prevenirse**[147] contra el fuego y cantarla en su hora precisa.

Quiero recordar a Romerillo, al espiritual Loco Mateo, a Antonia la de San Roque, a Anita la de Ronda, a Dolores la Parrala y a Juan Breva, que cantaron como nadie las soleares y evocaron a la virgen Pena en los limonares de Málaga o bajo las noches marinas del Puerto.

Quiero recordar también a los maestros de la siguiriya Curro Pabla *el Curro*, Manuel Molina, y el portentoso Silverio Franconetti, que cantó como nadie el cante de los cantes y cuyo grito hacia abrirse el **azogue**[148] de los espejos.

Fueron inmensos intérpretes del alma popular que destrozaron su propia alma entre las tempestades del sentimiento. Casi todos murieron del corazón, es decir, **estallaron**[149] como enormes cigarras después de haber poblado nuestra atmósfera de ritmos ideales. . .

---

[144] **alcance**—reach.

[145] **portentosa**—marvelous.

[146] cauterio—cauterization.

[147] **prevenirse**—to take preventive measures, take precautions.

[148] **azogue**—quicksilver, mercury.

[149] **estallaron**—burst.

Señoras y Señores:

A todos los que a través de su vida se han emocionado con la copla lejana que viene por el camino, a todos los que la paloma blanca del amor haya picado en su corazón **maduro,**[150] a todos los amantes de la tradición **engarzada**[151] con el porvenir, al que estudia en el libro como al que **ara**[152] la tierra, les suplico respetuosamente que no dejen morir las apreciables joyas vivas de la raza, el inmenso tesoro milenario que cubre la superficie espiritual de Andalucía y que mediten bajo la noche de Granada la trascendencia patriótica del proyecto que unos artistas españoles presentamos.

---

[150] **maduro**—mature.

[151] **engarzada**—strung together.

[152] **ara**—cultivates, tills.

PREGUNTAS

1. ¿Cuáles son las diferencias esenciales entre el flamenco y el cante jondo?

2. ¿En qué consiste, en opinión de Lorca, la superioridad estética del cante jondo?

3. Según el poeta, ¿cuál es el origen de esta modalidad musical y cómo se desarrolla en España?

4. ¿Qué relación halla Lorca entre el cante jondo y la poesía, y cómo valora la calidad poética del cante?

Imaginación, inspiración, evasión

Esta conferencia fue pronunciada por primera vez en la inaugu-
ración del curso 1928–1929 del Ateneo de Granada y la leyó de
nuevo en el Lyceum Club en febrero de 1929. Después se publicó,
parcialmente, en El Defensor de Granada. El texto que presenta-
mos está basado en una transcripción hecha por Jorge Guillén
(cuyo comentario aparece aquí en bastardilla), lo que implica que
la voz del autor nos llega de forma indirecta. Esta conferencia es
muy útil para conocer su opinión sobre los distintos factores que
intervienen en el proceso creativo.

O sea —*dijo el conferenciante al iniciar su discurso*—
los tres grados, las tres **etapas**[1] que busca y recorre toda
obra de arte verdadera, toda la historia literaria, en su
rueda de finar para volver a empezar y todo poeta
consciente del tesoro que **maneja**[2] por la gracia
de Dios. . .

---

[1] **etapas**—phases, stages.

[2] **maneja**—uses, handles, manages.

Sé perfectamente las dificultades que este tema tiene, y no pretendo, por tanto, definir, sino **subrayar;**[3] no quiero dibujar, sino **sugerir.**[4] La misión del poeta es esta: animar, en su exacto sentido: dar alma. . . Pero no me preguntéis por lo verdadero y lo falso, porque la «verdad poética» es una expresión que cambia al **mudar**[5] su enunciado. Lo que es luz en el Dante puede ser **fealdad**[6] en Mallarmé. Y desde luego, ya es sabido por todo el mundo que la poesía se ama. Nadie diga esto es oscuro, porque la poesía es clara. Es decir, necesitamos buscar, «con esfuerzo y virtud, a la poesía, para que esta se nos entregue. Necesitamos haber olvidado por completo la poesía para que esta caiga desnuda en nuestros brazos. El **vigía**[7] poético y el pueblo. Lo que no admite de ningún modo la poesía es la indiferencia. La indiferencia es el **sillón**[8] del demonio; pero ella es la que habla en las calles con un grotesco vestido de suficiencia y cultura».

Analiza el conferenciante en primer lugar su concepto de la «imaginación» y su función en el terreno artístico. Dice:

Para mí la imaginación es sinónima de aptitud para el descubrimiento. Imaginar, descubrir, llevar nuestro poco de luz a la penumbra viva donde existen todas las infinitas posibilidades, formas y números. La imaginación **fija**[9] y da vida clara a fragmentos de la realidad invisible donde se mueve el hombre.

---

[3] **subrayar**—to emphasize.

[4] **sugerir**—to suggest.

[5] **mudar**—altering, changing.

[6] **fealdad**—ugliness.

[7] **vigía**—lookout.

[8] **sillón**—armchair.

[9] **fija**—focuses on.

La hija directa de la imaginación es la «metáfora», nacida a veces al golpe rápido de la intuición, **alumbrada**[10] por la lenta angustia del presentimiento.

Pero la imaginación está limitada por la realidad: no se puede imaginar lo que no existe; necesita de objetos, paisajes, números, planetas, y se hacen precisas las relaciones entre ellos dentro de la lógica más pura. No se puede saltar al abismo ni prescindir de los términos reales. La imaginación tiene horizontes, quiere dibujar y concretar todo lo que **abarca**.[11]

La imaginación poética viaja y transforma las cosas, les da su sentido más puro y define relaciones que no **se sospechaban**;[12] pero siempre, siempre, siempre opera sobre hechos de la realidad más neta y precisa. Está dentro de nuestra lógica humana, controlada por la razón, de la que no puede **desprenderse**.[13] Su manera especial de crear necesita del orden y del límite. La imaginación es la que ha inventado los cuatro puntos cardinales, la que ha descubierto las causas intermedias de las cosas; pero no ha podido nunca abandonar sus manos en las ascuas sin lógica ni sentido donde se mueve «inspiración» libre y sin **cadenas**.[14] La imaginación es el primer **escalón**[15] y la base de toda poesía . . . El poeta construye con ella una torre contra los elementos y contra el misterio. Es inatacable, ordena y es escuchado. Pero se le escapan casi siempre las mejores aves y las más **refulgentes**[16] luces. Es difícil que un poeta imaginativo puro (llamémosle así) produzca emociones intensas con su poesía. Emociones poéticas, desde luego, no puede producir con la técnica del verso

---

[10] **alumbrada**—illuminated, enlightened.

[11] **abarca**—comprises.

[12] **se sospechaban**—were suspected.

[13] **desprenderse**—become detached.

[14] **cadenas**—chains.

[15] **escalón**—step.

[16] **refulgentes**—brilliant.

esa típica emoción musical de lo romántico, **desligada**[17] casi siempre del sentido espiritual y hondo del poeta puro. Una emoción poética, virgen, incontrolada, libre de paredes, poesía redonda con sus leyes recién creadas para ella, desde luego que no.

La imaginación es pobre, y la imaginación poética mucho más. La realidad visible, los hechos del mundo y del cuerpo humano están mucho más llenos de **matices**,[18] son más poéticos que lo que ella descubre.

Esto se nota muchas veces en la lucha **entablada**[19] entre la realidad científica y el mito imaginativo, en la cual **vence**,[20] gracias a Dios, la ciencia, mucho más lírica mil veces que las teogonías.[21]

La imaginación de los hombres ha inventado los gigantes para achacarles la construcción de las grandes grutas[22] o ciudades encantadas. La realidad ha enseñado después que estas grandes grutas están hechas por la gota de agua. Por la pura gota de agua paciente y eterna. En este caso, como en otros muchos, gana la realidad. Es más bello el instinto de la gota de agua que la mano del gigante. La verdad real vence a la imaginación en poesía, o sea, la imaginación misma descubre su pobreza. La imaginación estaba en el punto lógico al achacar a gigantes lo que parecía obra de gigantes; pero la realidad científica, poética en extremo y fuera del ámbito lógico, ponía en las gotas limpias del agua perenne su verdad. Porque es mucho más bello que una gruta sea un misterioso **capricho**[23] del agua encadenada y ordenada a leyes eternas que el capricho de unos

---

[17] **desligada**—separated.

[18] **matices**—nuances.

[19] **entablada**—begun.

[20] **vence**—defeats.

[21] teogonías—theogonies; accounts of the origin and genealogy of the gods.

[22] grutas—grottoes, subterranean galleries.

[23] **capricho**—whim.

gigantes que no tienen más sentido que el de una explicación.

El poeta pasea siempre por su imaginación, limitado por ella. Y ya sabe que su sentido imaginativo es capaz de entrenamiento; que una gimnasia de la imaginación puede enriquecerla, agrandar sus antenas de luz y su **onda**[24] emisora. Pero el poeta está en un triste quiero y no puedo a solas con su paisaje interior.

Oye el fluir de grandes ríos; hasta su frente llega la frescura de los juncos que se mecen «en ninguna parte». Quiere sentir el diálogo de los insectos bajo las ramas increíbles. Quiere penetrar la música de la corriente de la savia en el silencio oscuro de los grandes troncos. Quiere comprender el alfabeto Morse que habla al corazón de la muchacha dormida.

Quiere. Todos queremos. Pero no puede. Porque, al intentar expresar la verdad poética de cualquiera de estos motivos, tendrá necesariamente que valerse de sentimientos humanos, se valdrá de sensaciones que ha visto y oído, recurrirá a analogías plásticas que no tendrán nunca un valor expresivo adecuado. Porque la imaginación sola no llega **jamás**[25] a esas profundidades.

Mientras no pretenda librarse del mundo puede el poeta vivir contento en su pobreza dorada. Todas las retóricas y escuelas poéticas del Universo, desde los esquemas japoneses, tienen una hermosa · **guardarropía**[26] de soles, lunas, lirios, espejos y nubes melancólicas para uso de todas las inteligencias y latitudes.

Pero el poeta que quiere librarse del campo imaginativo, no vivir exclusivamente de la imagen que producen los objetos reales, deja de soñar y deja de querer. Ya no quiere, ama. Pasa de la «imaginación», que

---

[24] **onda**—wave.

[25] **jamás**—never.

[26] **guardarropía**—wardrobe.

es un hecho del alma, a la «inspiración», que es un estado del alma. Pasa del análisis a la fe. Aquí ya las cosas son porque sí, sin efecto ni causa explicable. Ya no hay términos ni límites, admirable libertad. Así como la imaginación poética tiene una lógica humana, la inspiración poética tiene una lógica poética. Ya no sirve la técnica **adquirida**,[27] no hay ningún postulado estético sobre el que operar; y así como la imaginación es un descubrimiento, la inspiración es un **don**,[28] un inefable regalo.

*Hace a continuación el conferenciante un análisis **minucioso**[29] de la mecánica de la inspiración aclarando con ejemplos los dos conceptos anteriormente expuestos.*

*Pasa después a analizar el «hecho poético» que la inspiración descubre, hecho con vida propia, leyes inéditas y que, según el conferenciante, rompe con todo control lógico. Poesía en sí misma llena de un orden y una armonía exclusivamente poéticos. Las últimas generaciones de poetas se preocupan de reducir la poesía a la creación del hecho poético y seguir las normas que este mismo impone, sin escuchar la voz del razonamiento lógico ni el equilibrio de la imaginación. Pretenden libertar la poesía no solo de la anécdota, sino del **acertijo**[30] de la imagen y de los planos de la realidad, lo que equivale a llevar la poesía a un último plano de pureza y sencillez. Se trata de una realidad distinta, dar un salto a mundos de emociones vírgenes, **teñir**[31] los poemas de un sentimiento planetario. «Evasión» de la realidad por*

---

[27] **adquirida**—acquired.
[28] **don**—gift.
[29] **minucioso**—thorough.
[30] **acertijo**—riddle.
[31] **teñir**—dye.

*el camino del sueño, por el camino del subconsciente,
por el camino que dicte un hecho insólito que regale
la inspiración.*

*El poema evadido de la realidad imaginativa **se
sustrae**[32] a los dictados de feo y bello como se
entiende ahora y entra en una asombrosa realidad
poética, a veces llena de **ternura**[33] y a veces de la
crueldad más penetrante.*

*Pone algunos ejemplos de problemas evadidos y aplica
finalmente los tres conceptos, base de la conferencia,
a algunas escuelas clásicas y a las principales
corrientes de la estética europea contemporánea,
incluso las más modernas, llegando a la conclusión de
que todo arte que persigue la pureza se refugia en
último término en la poesía, fenómeno muy típico,
según el conferenciante, de nuestros días, en que
todas las artes adoptan una expresión y un matiz
predominantemente poéticos.*

*El señor García Lorca escuchó cordiales
y entusiastas aplausos.*

II

*El sábado dio en el Lyceo,[34] ante nutrida concurrencia,
en la que formaban destacadas figuras de nuestra
intelectualidad, su anunciada disertación acerca
de «Imaginación, Inspiración, Evasión», el poeta
Federico García Lorca. Comenzó así:*

Dijo el arquitecto Corbusier en una reunión íntima
de la Residencia de Estudiantes que lo que más le había
gustado de España era la frase de «dar una estocada»,[35]

---

[32] **se sustrae**—ignores, disregards.

[33] **ternura**—tenderness.

[34] *Lyceo*—Lyceum; literary or recreational society.

[35] dar una estocada—to give a sharp retort.

porque expresaba la intención profunda de ir al tema y el **ansia**[36] de dominarlo rápidamente, sin detenerse en lo accesorio y decorativo.

Yo también —*agrega*— soy partidario de esta posición de la estocada, aunque, naturalmente, no sea un espada de limpia agilidad. El toro (el tema) está delante y hay que matarlo. Valga siquiera mi buena intención.

A continuación refiere que casi todo arte tiene su base más firme en la imaginación, sinónima de aptitud para el descubrimiento, como no creo en el artista sentado, sino en el artista caminante. La hija directa de la imaginación es la metáfora. La hija legítima y lógica, nacida muchas veces con el golpe rápido de la intuición o con la lenta angustia del presentimiento. La imaginación está limitada por la realidad. No se puede imaginar lo que no existe de ninguna manera. Se necesitan objetos, paisajes, números, planetas, y se hacen precisas las relaciones entre ellos dentro de la lógica más pura. La imaginación tiene horizontes, quiere dibujar y concretar todo lo que abarca. Vuela la imaginación sobre la razón como el perfume de la flor sobre la flor misma sin desprenderse de los pétalos, siguiendo los movimientos de la brisa; pero apoyado siempre en el centro inefable de su origen.

Es difícil que un poeta imaginativo puro —llamémosle así— produzca emociones intensas con su poesía, razonada toda ella. Emociones poéticas, desde luego que no. Puede producirse con la técnica del verso y la maestría verbal esa típica emoción musical de los románticos, desligada casi siempre del sentido espiritual y hondo del poema puro.

El poeta fija la diferencia entre la realidad visible y la imaginación, y destaca la superación de valores de

---

[36] **ansia**—eagerness, keenness.

136   **Federico García Lorca**

aquella con bellos ejemplos entre la realidad científica y el mito imaginativo.

*Habla de la inspiración y cuenta que así como la imaginación poética tiene una lógica humana la inspiración poética tiene una lógica poética. La inspiración es un estado de fe en medio de la humildad más absoluta. Se necesita una fe rotunda en la poesía; se necesita saber **rechazar**[37] con vehemencia toda tentación de ser **comprometido**.[38] La inspiración ataca de plano muchas veces a la inteligencia y al orden natural de las cosas. Hay que mirar con ojos de niño y pedir la luna. Hay que pedir la luna y creer que nos la pueden poner en las manos.*

*La imaginación ataca el tema furiosamente por todas partes y la inspiración lo recibe de pronto y lo **envuelve**[39] en luz súbita y palpitante, como esas grandes flores carnívoras que encierran a la **abeja**[40] trémula de miedo y la **disuelven**[41] en el agrio jugo que sudan sus pétalos **inmisericordes**.[42]*

*La imaginación es inteligente, ordenada, llena de equilibrio. La inspiración es incongruente en ocasiones, no conoce al hombre y pone muchas veces un **gusano**[43] lívido en los ojos claros de nuestra **musa**.[44] Porque quiere. Sin que lo podamos comprender. La imaginación lleva y da un ambiente poético y la inspiración inventa el hecho poético.*

---

[37] **rechazar**—to reject.
[38] **comprometido**—committed.
[39] **envuelve**—wraps.
[40] **abeja**—bee.
[41] **disuelven**—dissolve.
[42] **inmisericordes**—merciless.
[43] **gusano**—worm.
[44] **musa**—muse.

*En este punto, García Lorca hace **flamear**[45] ante su auditorio, auditorio sumiso, ganado por la amenidad del poeta, vivos y originales ejemplos de «hecho poético».*

*El hecho poético no se puede controlar con nada. Hay que aceptarlo como se acepta la lluvia de estrellas. Pero alegrémonos —agrega— de que la poesía pueda **fugarse**,[46] evadirse, de las **garras**[47] frías del razonamiento.*

*Esta evasión poética puede hacerse de muchas maneras. El surrealismo emplea el sueño y su lógica para escapar. En el mundo de los sueños, el realísimo mundo de los sueños, se encuentran indudablemente normas poéticas de emoción verdadera. Pero esta evasión por medio del sueño o del subconsciente es, aunque muy pura, poco **diáfana**.[48] Los latinos queremos perfiles y misterio visible. Forma y sensualidades.*

Define el disertante lo que entiende por poesía evadida, la influencia de la ironía en la poética, con Heine[49] a la cabeza, y cita como tipo de poeta imaginativo a Góngora,[50] y como inspirado, a San Juan de la Cruz.[51]

Termina García Lorca su interesante lección sobre novísimas estéticas con estas palabras:

---

[45] **flamear**—blaze up.

[46] **fugarse**—escape.

[47] **garras**—clutches.

[48] **diáfana**—clear.

[49] Heine—(1797–1856) one of the greatest German poets, whose poems enjoy widespread prestige.

[50] Góngora—(1561–1627) Spanish poet; his work was considered the height of elegance in baroque poetry and a model for subsequent poets. His poetry was dominated by a feeling for beauty.

[51] San Juan de la Cruz—(1542–1591) rustic poet, whose work was among the purest and most intense of Spanish Literature.

Este es mi punto de vista actual sobre la poesía que cultivo. Actual, porque es de hoy. No sé mañana lo que pensaré. Como poeta auténtico que soy y seré hasta mi muerte, no cesaré de darme golpes con las disciplinas en espera del chorro de sangre verde o amarillo que necesariamente y por fe habrá mi cuerpo de manar algún día. Todo menos quedarme quieto en la ventana mirando el mismo paisaje. La luz del poeta es la contradicción. Desde luego, no he pretendido convencer a nadie. Sería **indigno**[52] de la poesía si adoptara esta posición. La poesía no quiere adeptos, sino amantes. Pone ramas de zarzamora y erizos de vidrio para que se hieran por su amor las manos que la buscan.

El poeta fue muy aplaudido y felicitado.

---

[52] **indigno**—unworthy.

PREGUNTAS

1. ¿En qué consiste la imaginación y cómo reelabora la realidad visible? Cita ejemplos del texto.

2. ¿Cuáles son las limitaciones de la imaginación con relación a la realidad?

3. ¿Qué labor cumple la inspiración dentro del proceso creativo?

4. ¿Cómo define Lorca su producción poética?

prado de pretto

Bodas de sangre

Tragedia en tres actos y siete cuadros

García Lorca concibió esta obra en 1928 pero no la redactó hasta 1932, luego de un período en el que se interesó por el teatro del Siglo de Oro español. Es una obra que muestra su interés en las tradiciones clásicas y populares y está basada en un incidente que el autor leyó en un periódico en el que una novia de la provincia de Almería desapareció la mañana de su boda con su primo. El novio salió a buscarlos y, poco después, el cuerpo del primo fue encontrado no muy lejos; a su lado estaba la novia profundamente alterada.

Personajes

La Madre

La Novia

La Suegra

La Mujer de Leonardo

La Criada

La Vecina

Muchachas

Leonardo

El Novio

El Padre de la Novia

La Luna

La Muerte (como mendiga)

Leñadores

Mozos

Acto Primero

CUADRO PRIMERO

Habitación pintada de amarillo.

Novio. *(Entrando.)* Madre.

Madre. ¿Qué?

Novio. Me voy.

Madre. ¿Adónde?

Novio. A la **viña**.[1] *(Va a salir.)*

Madre. Espera.

Novio. ¿Quieres algo?

Madre. Hijo, el almuerzo.

Novio. Déjalo. Comeré uvas. Dame la navaja.

Madre. ¿Para qué?

Novio. *(Riendo.)* Para cortarlas.

Madre. *(Entre dientes y buscándola.)* La navaja, la navaja. . . Malditas sean todas y el **bribón**[2] que las inventó.

Novio. Vamos a otro **asunto**.[3]

Madre. Y las **escopetas**,[4] y las pistolas, y el cuchillo más pequeño, y hasta las **azadas**[5] y los **bieldos**[6] de la era.

---

[1] **viña**—vineyard.

[2] **bribón**—rascal, rogue.

[3] **asunto**—matter.

[4] **escopetas**—rifles.

[5] azadas—hoes.

[6] bieldos—pitchforks.

Novio. Bueno.

Madre. Todo lo que puede cortar el cuerpo de un hombre. Un hombre hermoso, con su flor en la boca, que sale a las viñas o va a sus olivos propios, porque son de él, **heredados**[7]...

Novio. *(Bajando la cabeza.)* Calle usted.

Madre. ... y ese hombre no vuelve. O si vuelve es para ponerle una palma encima o un plato de sal gorda para que no **se hinche**.[8] No sé cómo te atreves a llevar una navaja en tu cuerpo, ni cómo yo dejo a la serpiente dentro del **arcón**.[9]

Novio. ¿Está bueno ya?

Madre. Cien años que yo viviera, no hablaría de otra cosa. Primero, tu padre; que me olía a clavel y lo disfruté tres años **escasos**.[10] Luego, tu hermano. ¿Y es justo y puede ser que una cosa pequeña como una pistola o una navaja pueda **acabar**[11] con un hombre que es un toro? No callaría nunca. Pasan los meses y la desesperación **me pica**[12] en los ojos y hasta en las puntas del pelo.

Novio. *(Fuerte.)* ¿Vamos a acabar?

Madre. No. No vamos a acabar. ¿Me puede alguien traer a tu padre? ¿Y a tu hermano? Y luego, el **presidio**.[13] ¿Qué es el presidio? ¡Allí comen, allí fuman, allí tocan los instrumentos! Mis muertos llenos de hierba, sin hablar, hechos polvo; dos

---

[7] **heredados**—inherited.

[8] **se hinche**—swell.

[9] **arcón**—large chest.

[10] **escasos**—barely.

[11] **acabar**—finish off.

[12] **me pica**—pierces me.

[13] **presidio**—prison.

hombres que eran dos geranios... Los matadores, en presidio, frescos, viendo los montes...

Novio. ¿Es que quiere usted que los mate?

Madre. No... Si hablo, es porque... ¿Cómo no voy a hablar viéndote salir por esa puerta? Es que no me gusta que lleves navaja. Es que ... que no quisiera que salieras al campo.

Novio. *(Riendo.)* ¡Vamos!

Madre. Que me gustaría que fueras una mujer. No te irías al arroyo ahora y bordaríamos las dos cenefas[14] y perritos de **lana**.[15]

Novio. *(Coge de un brazo a la* **Madre** *y ríe.)* Madre, ¿y si yo la llevara conmigo a las viñas?

Madre. ¿Qué hace en las viñas una vieja? ¿Me ibas a meter debajo de los **pámpanos**?[16]

Novio. *(Levantándola en sus brazos.)* Vieja, revieja, requetevieja.[17]

Madre. Tu padre sí que me llevaba. Eso es de buena casta.[18] Sangre. Tu abuelo dejó a un hijo en cada esquina. Eso me gusta. Los hombres, hombres; el trigo, trigo.

Novio. ¿Y yo, madre?

Madre. ¿Tú, qué?

Novio. ¿Necesito decírselo otra vez?

Madre. *(Seria.)* ¡Ah!

---

[14] cenefas—trimmings, borders.

[15] **lana**—wool.

[16] **pámpanos**—vine shoots.

[17] Vieja, revieja, requetevieja—old lady, really old lady, really really old lady.

[18] de buena casta—of good lineage.

Novio. ¿Es que le parece mal?

Madre. No.

Novio. ¿Entonces? . . .

Madre. No lo sé yo misma. Así, de pronto, siempre me sorprende. Yo sé que la muchacha es buena. ¿Verdad que sí? **Modosa.**[19] Trabajadora. **Amasa**[20] su pan y **cose**[21] sus faldas, y siento, sin embargo, cuando la nombro, como si me dieran una pedrada[22] en la frente.

Novio. Tonterías.[23]

Madre. Más que tonterías. Es que me quedo sola. Ya no me quedas más que tú, y siento que te vayas.

Novio. Pero usted vendrá con nosotros.

Madre. No. Yo no puedo dejar aquí solos a tu padre y a tu hermano. Tengo que ir todas las mañanas, y si me voy es fácil que muera uno de los Félix, uno de la familia de los matadores, y lo **entierren**[24] al lado. ¡Y eso sí que no! ¡Ca! ¡Eso sí que no! Porque con las uñas los desentierro y yo sola los machaco contra la tapia.[25]

Novio. (*Fuerte.*) Vuelta otra vez.

Madre. Perdóname. (*Pausa.*) ¿Cuánto tiempo llevas en relaciones?

Novio. Tres años. Ya puedo comprar la viña.

---

[19] **Modosa**—well-mannered.
[20] **Amasa**—kneads.
[21] **cose**—sews.
[22] pedrada—hit from a stone.
[23] **Tonterías**—nonsense.
[24] **entierren**—they may bury.
[25] tapia—adobe or mud wall.

Madre. Tres años. ¿Ella tuvo un novio, no?

Novio. No sé. Creo que no. Las muchachas tienen que mirar con quién se casan.

Madre. Sí. Yo no miré a nadie. Miré a tu padre, y cuando lo mataron miré a la pared de enfrente. Una mujer con un hombre, y ya está.

Novio. Usted sabe que mi novia es buena.

Madre. No lo dudo. De todos modos, siento no saber cómo fue su madre.

Novio. ¿Qué más da?

Madre. *(Mirándolo.)* Hijo.

Novio. ¿Qué quiere usted?

Madre. ¡Que es verdad! ¡Que tienes razón! ¿Cuándo quieres que la pida?

Novio. *(Alegre.)* ¿Le parece bien el domingo?

Madre. *(Seria.)* Le llevaré los pendientes de azófar, que son antiguos, y tú le compras. . .

Novio. Usted entiende más. . .

Madre. Le compras unas medias caladas,[26] y para ti dos trajes. . . ¡Tres! ¡No te tengo más que a ti!

Novio. Me voy. Mañana iré a verla.

Madre. Sí, sí; y a ver si me alegras con seis **nietos**,[27] o los que te dé la gana, ya que tu padre no tuvo lugar de hacérmelos a mí.

---

[26] medias caladas—embroidered stockings.

[27] **nietos**—grandchildren.

Novio. El primero para usted.

Madre. Sí, pero que haya niñas. Que yo quiero bordar y hacer **encaje**[28] y estar tranquila.

Novio. Estoy seguro que usted querrá a mi novia.

Madre. La querré. *(Se dirige a besarlo y reacciona.)* Anda, ya estás muy grande para besos. Se los das a tu mujer. *(Pausa. Aparte.)* Cuando lo sea.

Novio. Me voy.

Madre. Que caves[29] bien la parte del **molinillo**,[30] que la tienes **descuidada**.[31]

Novio. ¡Lo dicho!

Madre. Anda con Dios. *(Vase el **Novio**. La **Madre** queda sentada de espaldas a la puerta. Aparece en la puerta una **Vecina** vestida de color oscuro, con pañuelo a la cabeza.)* Pasa.

Vecina. ¿Cómo estás?

Madre. Ya ves.

Vecina. Yo bajé a la tienda y vine a verte. ¡Vivimos tan lejos! . . .

Madre. Hace veinte años que no he subido a lo alto de la calle.

Vecina. Tú estás bien.

Madre. ¿Lo crees?

Vecina. Las cosas pasan. Hace dos días trajeron al hijo de mi vecina con los dos brazos cortados por la máquina. *(Se sienta.)*

---

[28] **encaje**—lace.

[29] **caves**—you hoe.

[30] **molinillo**—windmill.

[31] **descuidada**—neglected.

Madre. ¿A Rafael?

Vecina. Sí. Y allí lo tienes. Muchas veces pienso que tu hijo y el mío están mejor donde están, dormidos, descansando, que no **expuestos**[32] a quedarse **inútiles**.[33]

Madre. Calla. Todo eso son invenciones, pero no consuelos.

Vecina. ¡Ay!

Madre. ¡Ay!

(Pausa.)

Vecina. *(Triste.)* ¿Y tu hijo?

Madre. Salió.

Vecina. ¡Al fin compró la viña!

Madre. Tuvo suerte.

Vecina. Ahora se casará.

Madre. *(Como despertando y acercando su silla a la silla de la* **Vecina.***)* Oye.

Vecina. *(En plan confidencial.)* Dime.

Madre. ¿Tú conoces a la novia de mi hijo?

Vecina. ¡Buena muchacha!

Madre. Sí, pero. . .

Vecina. Pero quien la conozca a fondo no hay nadie. Vive sola con su padre allí, tan lejos, a diez leguas[34] de la casa más cerca. Pero es buena. Acostumbrada a la soledad.

---

[32] **expuestos**—exposed.

[33] **inútiles**—maimed.

[34] **leguas**—leagues.

Madre. ¿Y su madre?

Vecina. A su madre la conocí. Hermosa. Le relucía la cara como a un santo; pero a mí no me gustó nunca. No quería a su marido.

Madre. (*Fuerte.*) Pero ¡cuántas cosas sabéis las gentes!

Vecina. Perdona. No quisiera ofender; pero es verdad. Ahora, si fue decente o no, nadie lo dijo. De esto no se ha hablado. Ella era **orgullosa**.[35]

Madre. ¡Siempre igual!

Vecina. Tú me preguntaste.

Madre. Es que quisiera que ni a la viva ni a la muerta las conociera nadie. Que fueran como dos cardos, que ninguna persona los nombra y pinchan si llega el momento.

Vecina. Tienes razón. Tu hijo vale mucho.

Madre. Vale. Por eso lo cuido. A mí me habían dicho que la muchacha tuvo novio hace tiempo.

Vecina. Tendría ella quince años. El se casó ya hace dos años con una prima de ella, por cierto. Nadie se acuerda del noviazgo.

Madre. ¿Cómo te acuerdas tú?

Vecina. ¡Me haces unas preguntas! . . .

Madre. A cada uno le gusta enterarse de lo que le duele. ¿Quién fue el novio?

Vecina. Leonardo.

Madre. ¿Qué Leonardo?

---

[35] **orgullosa**—proud.

Vecina. Leonardo el de los Félix.

Madre. (*Levantándose.*) ¡De los Félix!

Vecina. Mujer, ¿qué culpa tiene Leonardo de nada? El tenía ocho años cuando las cuestiones.

Madre. Es verdad... Pero oigo eso de Félix y es lo mismo (*Entre dientes.*) Félix que llenárseme de **cieno**[36] la boca (*Escupe.*), y tengo que escupir, tengo que escupir por no matar.

Vecina. Repórtate. ¿Qué sacas con eso?

Madre. Nada. Pero tú lo comprendes.

Vecina. No te opongas a la felicidad de tu hijo. No le digas nada. Tú estás vieja. Yo, también. A ti y a mí nos toca callar.

Madre. No le diré nada.

Vecina. (*Besándola.*) Nada.

Madre. (*Serena.*) ¡Las cosas! ...

Vecina. Me voy, que pronto llegará mi gente del campo.

Madre. ¿Has visto qué día de calor?

Vecina. Iban negros los chiquillos que llevan el agua a los **segadores**.[37] Adiós, mujer.

Madre. Adiós. (*Se dirige a la puerta de la izquierda. En medio del camino se detiene y lentamente se santigua.*)[38]

Telón[39]

---

[36] **cieno**—mud.

[37] **segadores**—harvesters.

[38] *se santigua*—crosses herself, makes the sign of the Cross.

[39] *Telón*—Curtain.

Habitación pintada de rosa con cobres y ramos de flores
populares. En el centro, una mesa con mantel. Es la mañana.
Suegra de Leonardo *con un niño en brazos. Lo* **mece.**[40] *La*
Mujer, *en la otra esquina, hace punto*[41] *de media.*

Suegra.   Nana, niño, nana
                del caballo grande
                que no quiso el agua.
                El agua era negra
                dentro de las ramas.
                Cuando llega al puente
                se detiene y canta.
                ¿Quién dirá, mi niño,
                lo que tiene el agua
                con su larga **cola**[42]
                por su verde sala?

Mujer.   *(Bajo.)* Duérmete, clavel,
                que el caballo no quiere beber.

Suegra.   Duérmete, rosal,
                que el caballo se pone a llorar.
                Las **patas**[43] **heridas,**[44]
                las crines heladas,
                dentro de los ojos
                un puñal de plata.
                Bajaban al río.
                ¡Ay, cómo bajaban!
                La sangre corría
                más fuerte que el agua.

---

[40] **mece**—rocks.
[41] *hace punto*—knits.
[42] **cola**—tail.
[43] **patas**—hooves.
[44] **heridas**—injured.

Mujer.   Duérmete, clavel,
        que el caballo no quiere beber.

Suegra. Duérmete, rosal,
        que el caballo se pone a llorar.

Mujer.   No quiso tocar
        la orilla mojada,
        su belfo[45] caliente
        con **moscas**[46] de plata.
        A los montes duros
        solo **relinchaba**[47]
        con el río muerto
        sobre la garganta.
        ¡Ay caballo grande
        que no quiso el agua!
        ¡Ay dolor de nieve,
        caballo del alba!

Suegra. ¡No vengas! Detente,
        cierra la ventana
        con rama de sueños
        y sueño de ramas.

Mujer.   Mi niño se duerme.

Suegra. Mi niño se calla.

Mujer.   Caballo, mi niño
        tiene una **almohada**.[48]

Suegra. Su cuna de **acero**.[49]

Mujer.   Su **colcha**[50] de holanda.

---

[45] belfo—lip.
[46] **moscas**—flies.
[47] **relinchaba**—neighed, whinnied.
[48] **almohada**—pillow.
[49] **acero**—steel.
[50] **colcha**—bedspread.

Suegra.	Nana, niño, nana.
Mujer.	¡Ay caballo grande que no quiso el agua!
Suegra.	¡No vengas, no entres! Vete a la montaña. Por los valles grises donde está la jaca.
Mujer.	(*Mirando.*) Mi niño se duerme.
Suegra.	Mi niño descansa.
Mujer.	(*Bajito.*) Duérmete, clavel, que el caballo no quiere beber.
Suegra.	(*Levantándose, y muy bajito.*) Duérmete, rosal, que el caballo se pone a llorar.

(*Entran al niño. Entra* **Leonardo.**)

Leonardo. ¿Y el niño?

Mujer. Se durmió.

Leonardo. Ayer no estuvo bien. Lloró por la noche.

Mujer. (*Alegre.*) Hoy está como una dalia. ¿Y tú? ¿Fuiste a casa del herrador?

Leonardo. De allí vengo. ¿Querrás creer? Llevo más de dos meses poniendo herraduras nuevas al caballo y siempre se le caen. Por lo visto **se las arranca**[51] con las piedras.

Mujer. ¿Y no será que lo usas mucho?

Leonardo. No. Casi no lo utilizo.

---

[51] **se las arranca**—it tears them.

Mujer. Ayer me dijeron las vecinas que te habían visto al límite de los llanos.

Leonardo. ¿Quién lo dijo?

Mujer. Las mujeres que cogen las alcaparras.[52] Por cierto que me sorprendió. ¿Eras tú?

Leonardo. No. ¿Qué iba a hacer yo allí, en aquel secano?[53]

Mujer. Eso dije. Pero el caballo estaba **reventando**[54] de sudor.

Leonardo. ¿Lo viste tú?

Mujer. No. Mi madre.

Leonardo. ¿Está con el niño?

Mujer. Sí. ¿Quieres un refresco de limón?

Leonardo. Con el agua bien fría.

Mujer. ¡Como no viniste a comer! . . .

Leonardo. Estuve con los medidores del trigo.[55] Siempre entretienen.

Mujer. *(Haciendo el refresco y muy tierna.)* ¿Y lo pagan a buen precio?

Leonardo. El justo.

Mujer. Me hace falta un vestido y al niño una **gorra**[56] con lazos.

Leonardo. *(Levantándose.)* Voy a verlo.

---

[52] alcaparras—capers.

[53] secano—dry land used for dry farming.

[54] **reventando**—dying.

[55] medidores de trigo—men who measure wheat.

[56] **gorra**—hat.

Mujer. Ten cuidado, que está dormido.

Suegra. *(Saliendo.)* Pero ¿quién da esas **carreras**[57] al caballo? Está abajo, tendido, con los ojos desorbitados, como si llegara del fin del mundo.

Leonardo. *(Agrio.)* Yo.

Suegra. Perdona; tuyo es.

Mujer. *(Tímida.)* Estuvo con los medidores del trigo.

Suegra. Por mí, que reviente. *(Se sienta.)*

(Pausa.)

Mujer. El refresco. ¿Está frío?

Leonardo. Sí.

Mujer. ¿Sabes que piden a mi prima?

Leonardo. ¿Cuándo?

Mujer. Mañana. La boda será dentro de un mes. Espero que vendrán a invitarnos.

Leonardo. *(Serio.)* No sé.

Suegra. La madre de él creo que no estaba muy satisfecha con el casamiento.

Leonardo. Y quizá tenga razón. Ella es de cuidado.

Mujer. No me gusta que penséis mal de una buena muchacha.

Suegra. Pero cuando dice eso es porque la conoce. ¿No ves que fue tres años novia suya? *(Con intención.)*

Leonardo. Pero la dejé. *(A su mujer.)* ¿Vas a llorar ahora? ¡Quita! *(La aparta bruscamente las manos de la cara.)* Vamos a ver al niño. *(Entran abrazados.)*

---

[57] **carreras**—races.

(Aparece la **Muchacha,** *alegre. Entra corriendo.)*

Muchacha. Señora.

Suegra. ¿Qué pasa?

Muchacha. Llegó el novio a la tienda y ha comprado todo lo mejor que había.

Suegra. ¿Vino solo?

Muchacha. No, con su madre. Seria, alta. *(La imita.)* Pero ¡qué lujo!

Suegra. Ellos tienen dinero.

Muchacha. ¡Y compraron unas medias caladas! . . . ¡Ay, qué medias! ¡El sueño de las mujeres en medias! Mire usted: una golondrina aquí *(Señala el tobillo.),* un barco aquí *(Señala la pantorrilla.)* y aquí una rosa. *(Señala el muslo.)*

Suegra. ¡Niña!

Muchacha. ¡Una rosa con las semillas y el tallo! ¡Ay! ¡Todo en seda!

Suegra. Se van a juntar dos buenos capitales.

(Aparecen **Leonardo** *y su* **Mujer.***)*

Muchacha. Vengo a deciros lo que están comprando.

Leonardo. *(Fuerte.)* No nos importa.

Mujer. Déjala.

Suegra. Leonardo, no es para tanto.

Muchacha. Usted **dispense.**[58] *(Se va llorando.)*

Suegra. ¿Qué necesidad tienes de ponerte a mal con las gentes?

---

[58] **dispense**—forgive me.

Leonardo. No le he preguntado su opinión. *(Se sienta.)*

Suegra. Está bien.

(Pausa.)

Mujer. *(A Leonardo.)* ¿Qué te pasa? ¿Qué idea **te bulle**[59] por dentro de la cabeza? No me dejes así, sin saber nada. . .

Leonardo. Quita.

Mujer. No. Quiero que me mires y me lo digas.

Leonardo. Déjame. *(Se levanta.)*

Mujer. ¿Adónde vas, hijo?

Leonardo. *(Agrio.)* ¿Te puedes callar?

Suegra. *(Enérgica, a su hija.)* ¡Cállate! *(Sale* **Leonardo.***)*
¡El niño! *(Entra y vuelve a salir con él en brazos.)*

(La **Mujer** *ha permanecido de pie, inmóvil.)*

> Las patas heridas,
> las crines heladas,
> dentro de los ojos
> un puñal de plata.
> Bajaban al río.
> La sangre corría
> más fuerte que el agua.

Mujer.   *(Volviéndose lentamente y como soñando.)*
    Duérmete, clavel,
    que el caballo se pone a beber.

Suegra.   Duérmete, rosal,
    que el caballo se pone a llorar.

Mujer.   Nana, niño, nana.

---

[59] **te bulle**—is brewing, is bubbling.

Suegra.   ¡Ay, caballo grande,
que no quiso el agua!

Mujer.   *(Dramática.)* ¡No vengas, no entres!
¡Vete a la montaña!
¡Ay dolor de nieve,
caballo del alba!

Suegra.   *(Llorando.)* Mi niño se duerme. . .

Mujer.   *(Llorando y acercándose lentamente.)*
Mi niño descansa. . .

Suegra.   Duérmete, clavel,
que el caballo no quiere beber.

Mujer.   *(Llorando y **apoyándose**[60] sobre la mesa.)*
Duérmete, rosal,
que el caballo se pone a llorar.

Telón

---

[60] **apoyándose**—leaning.

CUADRO TERCERO

Interior de la cueva donde vive la **Novia**. *Al fondo, una cruz de grandes flores rosa. Las puertas, redondas, con cortinajes de encaje y* **lazos**[61] *rosa. Por las paredes, de material blanco y duro, abanicos redondos, jarros azules y pequeños espejos.*

Criada. Pasen... *(Muy afable, llena de hipocresía humilde. Entran el* **Novio** *y su* **Madre**. *La* **Madre** *viste de raso negro y lleva mantilla de encaje. El* **Novio**, *de pana negra, con gran cadena de oro.)* ¿Se quieren sentar? Ahora vienen. *(Sale.)*

(Quedan **Madre** *e* **Hijo** *sentados, inmóviles, como estatuas. Pausa larga.)*

Madre. ¿Traes el reloj?

Novio. Sí. *(Lo saca y lo mira.)*

Madre. Tenemos que volver a tiempo. ¡Qué lejos vive esta gente!

Novio. Pero estas tierras son buenas.

Madre. Buenas; pero demasiado solas. Cuatro horas de camino y ni una casa ni un árbol.

Novio. Estos son los secanos.

Madre. Tu padre los hubiera cubierto de árboles.

Novio. ¿Sin agua?

Madre. Ya la hubiera buscado. Los tres años que estuvo casado conmigo, plantó diez **cerezos**.[62] *(Haciendo memoria.)* Los tres **nogales**[63] del molino, toda una

---

[61] **lazos**—bows.
[62] **cerezos**—cherry trees.
[63] **nogales**—walnut trees.

viña y una planta que se llama Júpiter, que da flores encarnadas, y se secó.

(Pausa.)

Novio. *(Por la* **Novia.***)* Debe estar vistiéndose.

(Entra el **Padre de la Novia.** *Es anciano, con el cabello blanco, reluciente. Lleva la cabeza inclinada. La* **Madre** *y el* **Novio** *se levantan y se dan las manos en silencio.)*

Padre. ¿Mucho tiempo de viaje?

Madre. Cuatro horas. *(Se sientan.)*

Padre. Habéis venido por el camino más largo.

Madre. Yo estoy ya vieja para andar por las terreras del río.

Novio. Se marea.

(Pausa.)

Padre. Buena **cosecha**[64] de esparto.

Novio. Buena de verdad.

Padre. En mi tiempo, ni esparto daba esta tierra. Ha sido necesario **castigarla**[65] y hasta llorarla, para que nos dé algo **provechoso.**[66]

Madre. Pero ahora da. No te quejes. Yo no vengo a pedirte nada.

Padre. *(Sonriendo.)* Tú eres más rica que yo. Las viñas valen un capital. Cada pámpano una moneda de plata. Lo que siento es que las tierras..., ¿entiendes?..., estén separadas. A mí me gusta

---

[64] **cosecha**—harvest, crop.

[65] **castigarla**—to strain it, use it hard.

[66] **provechoso**—profitable.

todo junto. Una espina tengo en el corazón, y es la huertecilla esa metida entre mis tierras, que no me quieren vender por todo el oro del mundo.

Novio. Eso pasa siempre.

Padre. Si pudiéramos con veinte pares de **bueyes**[67] traer tus viñas aquí y ponerlas en la **ladera**.[68] ¡Qué alegría! . . .

Madre. ¿Para qué?

Padre. Lo mío es de ella y lo tuyo de él. Por eso. Para verlo todo junto, ¡que junto es una hermosura!

Novio. Y sería menos trabajo.

Madre. Cuando yo me muera, vendéis aquello y compráis aquí al lado.

Padre. Vender, ¡vender! ¡Bah!; comprar, hija, comprarlo todo. Si yo hubiera tenido hijos hubiera comprado todo este monte hasta la parte del arroyo. Porque no es buena tierra; pero con brazos se la hace buena, y como no pasa gente no te roban los frutos y puedes dormir tranquilo.

(Pausa.)

Madre. Tú sabes a lo que vengo.

Padre. Sí.

Madre. ¿Y qué?

Padre. Me parece bien. Ellos lo han hablado.

Madre. Mi hijo tiene y puede.

---

[67] **bueyes**—oxen.
[68] **ladera**—hillside.

Padre. Mi hija también.

Madre. Mi hijo es hermoso. No ha conocido mujer. La honra más limpia que una sábana puesta al sol.

Padre. Qué te digo de la mía... Hace las migas[69] a las tres, cuando el lucero.[70] No habla nunca; suave como la lana, borda toda clase de bordados y puede cortar una maroma[71] con los dientes.

Madre. Dios bendiga[72] su casa.

Padre. Que Dios la bendiga.

(Aparece la **Criada** *con dos bandejas.[73] Una con copas y la otra con dulces.)*

Madre. *(Al* **Hijo.**) ¿Cuándo queréis la boda?

Novio. El jueves próximo.

Padre. Día en que ella cumple veintidós años justos.

Madre. ¡Veintidós años! Esa edad tendría mi hijo mayor si viviera. Que viviría caliente y macho como era, si los hombres no hubieran inventado las navajas.

Padre. En eso no hay que pensar.

Madre. Cada minuto. Métete la mano en el pecho.

Padre. Entonces el jueves. ¿No es así?

Novio. Así es.

Padre. Los novios y nosotros iremos en coche hasta la iglesia, que está muy lejos, y el acompañamiento en los carros y en las caballerías que traigan.

---

[69] migas—breadcrumbs fried with garlic and pepper.

[70] lucero—bright star.

[71] maroma—rope.

[72] **bendiga**—bless.

[73] *bandejas*—trays.

Madre. Conformes.

*(Pasa la **Criada**.)*

Padre. Dile que ya puede entrar. *(A la **Madre**.)* Celebraré mucho que te guste.

*(Aparece la **Novia**. Trae las manos caídas en actitud modesta y la cabeza baja.)*

Madre. Acércate. ¿Estás contenta?

Novia. Sí, señora.

Padre. No debes estar seria. Al fin y al cabo ella va a ser tu madre.

Novia. Estoy contenta. Cuando he dado el sí es porque quiero darlo.

Madre. Naturalmente. *(Le coge la **barbilla**.)*[74] Mírame.

Padre. Se parece en todo a mi mujer.

Madre. ¿Sí? ¡Qué hermoso mirar! ¿Tú sabes lo que es casarse, criatura?

Novia. *(Seria.)* Lo sé.

Madre. Un hombre, unos hijos y una pared de dos varas[75] de **ancha**[76] para todo lo demás.

Novio. ¿Es que hace falta otra cosa?

Madre. No. Que vivan todos, ¡eso! ¡Que vivan!

Novia. Yo sabré cumplir.

Madre. Aquí tienes unos regalos.

---

[74] **barbilla**—chin.

[75] varas—(pl.), unit of length approximately equivalent to one yard.

[76] **ancha**—wide.

Novia. Gracias.

Padre. ¿No tomamos algo?

Madre. Yo no quiero. *(Al* **Novio.***)* ¿Y tú?

Novio. Tomaré. *(Toma un dulce. La* **Novia** *toma otro.)*

Padre. *(Al* **Novio.***)* ¿Vino?

Madre. No lo prueba.

Padre. ¡Mejor!

(Pausa. Todos están en pie.)

Novio. *(A la* **Novia.***)* Mañana vendré.

Novia. ¿A qué hora?

Novio. A las cinco.

Novia. Yo te espero.

Novio. Cuando me voy de tu lado siento un despego grande y así como un **nudo**[77] en la garganta.

Novia. Cuando seas mi marido ya no lo tendrás.

Novio. Eso digo yo.

Madre. Vamos. El sol no espera. *(Al* **Padre.***)* ¿Conformes en todo?

Padre. Conformes.

Madre. *(A la* **Criada.***)* Adiós, mujer.

Criada. Vayan ustedes con Dios.

(La **Madre** *besa a la* **Novia** *y van saliendo en silencio.)*

Madre. *(En la puerta.)* Adiós, hija.

---

[77] **nudo**—lump.

*(La **Novia** contesta con la mano.)*

Padre. Yo salgo con vosotros.

(Salen.)

Criada. Que reviento por ver los regalos.

Novia. *(Agria.)* Quita.

Criada. ¡Ay, niña, enséñamelos!

Novia. No quiero.

Criada. Siquiera las medias. Dicen que son todas caladas. ¡Mujer!

Novia. ¡Ea, que no!

Criada. Por Dios. Está bien. Parece como si no tuvieras ganas de casarte.

Novia. *(Mordiéndose[78] la mano con rabia.)[79]* ¡Ay!

Criada. Niña, hija, ¿qué te pasa? ¿Sientes dejar tu vida de reina? No pienses en cosas agrias. ¿Tienes motivo? Ninguno. Vamos a ver los regalos. *(Coge la caja.)*

Novia. *(Cogiéndola de las **muñecas**.)[80]* **Suelta**.[81]

Criada. ¡Ay, mujer!

Novia. Suelta he dicho.

Criada. Tienes más fuerza que un hombre.

Novia. ¿No he hecho yo trabajos de hombre? ¡Ojalá fuera!

Criada. ¡No hables así!

---

[78] **Mordiéndose**—biting (her own).
[79] **rabia**—fury, rage.
[80] **muñecas**—wrists.
[81] **Suelta**—let go.

Novia. Calla he dicho. Hablemos de otro asunto.

(La luz va desapareciendo de la escena. Pausa larga.)

Criada. ¿Sentiste anoche un caballo?

Novia. ¿A qué hora?

Criada. A las tres.

Novia. Sería un caballo suelto de la manada.

Criada. No. Llevaba jinete.

Novia. ¿Por qué lo sabes?

Criada. Porque lo vi. Estuvo parado en tu ventana. **Me chocó**[82] mucho.

Novia. ¿No sería mi novio? Algunas veces ha pasado a esas horas.

Criada. No.

Novia. ¿Tú le viste?

Criada. Sí.

Novia. ¿Quién era?

Criada. Era Leonardo.

Novia. *(Fuerte.)* ¡Mentira! ¡Mentira! ¿A qué viene aquí?

Criada. Vino.

Novia. ¡Cállate! ¡Maldita sea tu lengua!

(Se siente el ruido de un caballo.)

Criada. *(En la ventana.)* Mira, asómate. ¿Era?

Novia. ¡Era!

Telón rápido

---

[82] **Me chocó**—it shocked me.

Acto Segundo

CUADRO PRIMERO

Zaguán de casa de la **Novia***. Portón al fondo. Es de noche.*
La **Novia** *sale con* **enaguas**[83] *blancas encañonadas, llenas de encajes y puntas, bordadas, y un corpiño blanco, con los brazos al aire. La* **Criada***, lo mismo.*

Criada. Aquí te acabaré de peinar.[84]

Novia. No se puede estar ahí dentro, del calor.

Criada. En estas tierras no refresca ni al amanecer.

(Se sienta la **Novia** *en una silla baja y se mira en un espejito de mano. La* **Criada** *la peina.)*

Novia. Mi madre era de un sitio donde había muchos árboles. De tierra rica.

Criada. ¡Así era ella de alegre!

Novia. Pero **se consumió**[85] aquí.

Criada. El **sino**.[86]

Novia. Como nos consumimos todas. Echan fuego las paredes. ¡Ay!, no tires demasiado.

Criada. Es para arreglarte mejor esta onda. Quiero que te caiga sobre la frente. *(La* **Novia** *se mira en el espejo.)* ¡Qué hermosa estás! ¡Ay! *(La besa apasionadamente.)*

Novia. *(Seria.)* Sigue peinándome.

---

[83] **enaguas**—petticoat, underskirt.

[84] te acabaré de peinar—I'll finish setting your hair.

[85] **se consumió**—she destroyed herself.

[86] **sino**—fate, destiny.

Criada. (*Peinándola.*) ¡Dichosa[87] tú que vas a abrazar a un hombre, que lo vas a besar, que vas a sentir su peso!

Novia. Calla.

Criada. Y lo mejor es cuando te despiertes y lo sientas al lado y que él te roza los hombros con su aliento, como con una plumilla de ruiseñor.

Novia. (*Fuerte.*) ¿Te quieres callar?

Criada. ¡Pero, niña! Una boda, ¿qué es? Una boda es esto y nada más. ¿Son los dulces? ¿Son los ramos de flores? No. Es una cama relumbrante y un hombre y una mujer.

Novia. No se debe decir.

Criada. Eso es otra cosa. ¡Pero es bien alegre!

Novia. O bien amargo.

Criada. El azahar[88] te lo voy a poner desde aquí, hasta aquí, de modo que la corona luzca sobre el peinado. (*Le prueba el ramo de azahar.*)

Novia. (*Se mira en el espejo.*) Trae. (*Coge el azahar y lo mira y deja caer la cabeza* **abatida**.*)*[89]

Criada. ¿Qué es esto?

Novia. Déjame.

Criada. No son horas de ponerse triste. (*Animosa.*) Trae el azahar. (*La* **Novia** *tira el azahar.*) ¡Niña! ¿Qué castigo pides tirando al suelo la corona? ¡Levanta

---

[87] **Dichosa**—fortunate.

[88] **azahar**—orange blossom.

[89] *abatida*—low, downhearted.

esa frente! ¿Es que no te quieres casar? Dilo. Todavía
te puedes **arrepentir**.[90]

(Se levanta.)

Novia. Son nublos.[91] Un mal aire en el centro, ¿quién no
lo tiene?

Criada. Tú quieres a tu novio.

Novia. Lo quiero.

Criada. Sí, sí, estoy segura.

Novia. Pero este es un paso muy grande.

Criada. Hay que darlo.

Novia. Ya me he comprometido.

Criada. Te voy a poner la corona.

Novia. *(Se sienta.)* Date prisa, que ya deben ir llegando.

Criada. Ya llevarán lo menos dos horas de camino.

Novia. ¿Cuánto hay de aquí a la iglesia?

Criada. Cinco leguas por el arroyo, que por el camino
hay el doble.

*(La **Novia** se levanta y la **Criada** se entusiasma al verla.)*

Despierte la novia
la mañana de la boda.
¡Que los ríos del mundo
lleven tu corona!

Novia. *(Sonriente.)* Vamos.

Criada.   *(La besa entusiasmada y baila alrededor.)*

---

[90] **arrepentir**—repent.

[91] nublos—clouds (term mostly used in Andalusia); in figurative language
signifies someone's anger or sullenness.

Que despierte
con el ramo verde
del laurel florido.
¡Que despierte
por el tronco y la rama
de los laureles!

(Se oyen unos aldabonazos.)[92]

Novia. ¡Abre! Deben ser los primeros **convidados**.[93]

(Entra.)

*(La **Criada** abre sorprendida.)*

Criada. ¿Tú?

Leonardo. Yo. Buenos días.

Criada. ¡El primero!

Leonardo. ¿No me han convidado?

Criada. Sí.

Leonardo. Por eso vengo.

Criada. ¿Y tu mujer?

Leonardo. Yo vine a caballo. Ella se acerca por el camino.

Criada. ¿No te has encontrado a nadie?

Leonardo. Los pasé con el caballo.

Criada. Vas a matar al animal con tanta carrera.

Leonardo. ¡Cuando se muera, muerto está!

(Pausa.)

---

[92] *aldabonazos*—knocks on the door using the *aldaba* (door knocker).
[93] **convidados**—guests.

Criada. Siéntate. Todavía no se ha levantado nadie.

Leonardo. ¿Y la novia?

Criada. Ahora mismo la voy a vestir.

Leonardo. ¡La novia! ¡Estará contenta!

Criada. *(Variando la conversación.)* ¿Y el niño?

Leonardo. ¿Cuál?

Criada. Tu hijo.

Leonardo. *(Recordando como soñoliento.)*[94] ¡Ah!

Criada. ¿Lo traen?

Leonardo. No.

(Pausa. Voces cantando muy lejos.)

Voces.   ¡Despierte la novia
               la mañana de la boda!

Leonardo.   Despierte la novia
               la mañana de la boda.

Criada. Es la gente. Vienen lejos todavía.

Leonardo. *(Levantándose.)* La novia llevará una corona grande, ¿no? No debía ser tan grande. Un poco más pequeña le sentaría mejor. ¿Y trajo ya el novio el azahar que se tiene que poner en el pecho?

Novia. *(Apareciendo todavía en enaguas y con la corona de azahar puesta.)* Lo trajo.

Criada. *(Fuerte)* No salgas así.

Novia. ¿Qué más da? *(Seria.)* ¿Por qué preguntas si trajeron el azahar? ¿Llevas intención?

---

[94] **soñoliento**—drowsy.

Leonardo. Ninguna. ¿Qué intención iba a tener? *(Acercándose.)* Tú, que me conoces, sabes que no la llevo. Dímelo. ¿Quién he sido yo para ti? Abre y refresca tu recuerdo. Pero dos bueyes y una mala **choza**[95] son casi nada. Esa es la espina.

Novia. ¿A qué vienes?

Leonardo. A ver tu casamiento.

Novia. ¡También yo vi el tuyo!

Leonardo. Amarrado[96] por ti, hecho con tus dos manos. A mí me pueden matar, pero no me pueden escupir. Y la plata, que brilla tanto, escupe algunas veces.

Novia. ¡Mentira!

Leonardo. No quiero hablar, porque soy hombre de sangre, y no quiero que todos estos cerros oigan mis voces.

Novia. Las mías serían más fuertes.

Criada. Estas palabras no pueden seguir. Tú no tienes que hablar de lo pasado.

(La **Criada** *mira a las puertas* **presa**[97] *de inquietud.)*

Novia. Tienes razón. Yo no debo hablarte siquiera. Pero se me calienta el alma de que vengas a verme y **atisbar**[98] mi boda y preguntes con intención por el azahar. Vete y espera a tu mujer en la puerta.

Leonardo. ¿Es que tú y yo no podemos hablar?

---

[95] **choza**—hut.
[96] **Amarrado**—tied down.
[97] **presa**—victim.
[98] **atisbar**—spy on.

Criada. *(Con rabia.)* No; no podéis hablar.

Leonardo. Después de mi casamiento he pensado noche y día de quién era la culpa, y cada vez que pienso sale una culpa nueva que se come a la otra; pero ¡siempre hay culpa!

Novia. Un hombre con su caballo sabe mucho y puede mucho para poder estrujar[99] a una muchacha metida en un desierto. Pero yo tengo orgullo. Por eso me caso. Y me encerraré, con mi marido, a quien tengo que querer por encima de todo.

Leonardo. El orgullo no te servirá de nada. *(Se acerca.)*

Novia. ¡No te acerques!

Leonardo. Callar y quemarse es el castigo más grande que nos podemos echar encima. ¿De qué me sirvió a mí el orgullo y el no mirarte y el dejarte despierta noches y noches? ¡De nada! ¡Sirvió para echarme fuego encima! Porque tú crees que el tiempo cura y que las paredes tapan, y no es verdad, no es verdad. ¡Cuando las cosas llegan a los centros, no hay quien las arranque!

Novia. *(Temblando.)* No puedo oírte. No puedo oír tu voz. Es como si me bebiera una botella de anís y me durmiera en una colcha de rosas. Y me arrastra y sé que me ahogo, pero voy detrás.

Criada. *(Cogiendo a* **Leonardo** *por las solapas.)*[100] ¡Debes irte ahora mismo!

Leonardo. Es la última vez que voy a hablar con ella. No temas nada.

---

[99] **estrujar**—to exploit.

[100] *solapas*—lapels.

Novia. Y sé que estoy loca y sé que tengo el pecho podrido de **aguantar**,[101] y aquí estoy quieta por oírlo, por verlo **menear**[102] los brazos.

Leonardo. No me quedo tranquilo si no te digo estas cosas. Yo me casé. Cásate tú ahora.

Criada. *(A **Leonardo**.)* ¡Y se casa!

Voces. *(Cantando más cerca.)*
Despierte la novia
la mañana de la boda.

Novia. ¡Despierte la novia!

(Sale corriendo a su cuarto.)

Criada. Ya está aquí la gente. *(A **Leonardo**.)* No te vuelvas a acercar a ella.

Leonardo. Descuida. *(Sale por la izquierda.)*

(Empieza a clarear el día.)

Muchacha 1.ª *(Entrando.)*
Despierte la novia
la mañana de la boda;
ruede la ronda
y en cada balcón una corona.

Voces. ¡Despierte la novia!

Criada. *(Moviendo **algazara**.)*[103]
Que despierte
con el ramo verde
del amor florido.
¡Que despierte
por el tronco y la rama
de los laureles!

---

[101] **aguantar**—enduring.
[102] **menear**—swing.
[103] *algazara*—rejoicing, jubilation.

Muchacha 2.ª (*Entrando.*)
Que despierte
con el largo pelo,
camisa de nieve,
botas de charol y plata
y jazmines en la frente.

Criada. ¡Ay pastora,
que la luna asoma!

Muchacha 1.ª ¡Ay galán,
deja tu sombrero por el olivar!

Mozo 1.º (*Entrando con el sombrero en alto.*)
Despierte la novia,
que por los campos viene
rondando la boda,
con bandejas de dalias
y panes de gloria.

Voces. ¡Despierte la novia!

Muchacha 2.ª La novia
se ha puesto su blanca corona,
y el novio
se la prende con lazos de oro.

Criada. Por el toronjil[104]
la novia no puede dormir.

Muchacha 3.ª (*Entrando.*)
Por el **naranjel**[105]
el novio le ofrece cuchara y mantel.

(*Entran tres* **Convidados.**)

Mozo 1.º ¡Despierta, paloma!
El alba despeja
campanas de sombra.

---

[104] toronjil—balm, lemon balm.
[105] **naranjel**—orange grove.

Convidado.	La novia, la blanca novia, hoy **doncella**,[106] mañana señora.
Muchacha 1.ª	Baja, morena, arrastrando tu cola de seda.
Convidada.	Baja, morenita, que llueve rocío la mañana fría.
Mozo 1.º	Despertad, señora, despertad, porque viene el aire lloviendo azahar.
Criada.	Un árbol quiero bordarle lleno de cintas granates y en cada cinta un amor con vivas alrededor.
Voces.	Despierte la novia.
Mozo 1.º	¡La mañana de la boda!
Convidada.	La mañana de la boda qué galana vas a estar, pareces, flor de los montes, la mujer de un capitán.
Padre.	*(Entrando.)* La mujer de un capitán se lleva el novio. ¡Ya viene con sus bueyes por el tesoro!
Muchacha 3.ª	El novio parece la flor del oro. Cuando camina, a sus plantas se agrupan las clavelinas.
Criada.	¡Ay mi niña dichosa!
Mozo 2.º	Que despierte la novia.

---

[106] **doncella**—maiden.

Criada. ¡Ay mi galana!

Muchacha 1.ª La boda está llamando
por las ventanas.

Muchacha 2.ª Que salga la novia.

Muchacha 1.ª ¡Que salga, que salga!

Criada. ¡Que toquen y repiquen las campanas!

Mozo 1.º ¡Que viene aquí! ¡Que sale ya!

Criada. ¡Como un toro, la boda
levantándose está!

(Aparece la **Novia.** *Lleva un traje negro mil novecientos, con caderas y larga cola rodeada de gasas plisadas y encajes duros. Sobre el peinado de visera lleva la corona de azahar. Suenan las guitarras. Las* **Muchachas** *besan a la* **Novia.***)*

Muchacha 3.ª ¿Qué esencia te echaste en el pelo?

Novia. *(Riendo.)* Ninguna.

Muchacha 2.ª *(Mirando el traje.)* La tela es de lo que no hay.

Mozo 1.º ¡Aquí está el novio!

Novio. ¡Salud!

Muchacha 1.ª *(Poniéndole una flor en la oreja.)*
El novio
parece la flor del oro.

Muchacha 2.ª ¡Aires de **sosiego**[107]
le manan los ojos!

(El **Novio** *se dirige al lado de la* **Novia.***)*

Novia. ¿Por qué te pusiste esos zapatos?

---

[107] **sosiego**—tranquility.

Novio. Son más alegres que los negros.

Mujer de Leonardo. *(Entrando y besando a la Novia.)* ¡Salud!

(Hablan todas con algazara.)

Leonardo. *(Entrando como quien cumple un deber.)*
La mañana de casada
la corona te ponemos.

Mujer. ¡Para que el campo se alegre
con el agua de tu pelo!

Madre. *(Al **Padre**.)* ¿También están esos aquí?

Padre. Son familia. ¡Hoy es día de perdones!

Madre. Me aguanto, pero no perdono.

Novio. ¡Con la corona da alegría mirarte!

Novia. ¡Vámonos pronto a la iglesia!

Novio. ¿Tienes prisa?

Novia. Sí. Estoy deseando ser tu mujer y quedarme sola contigo, y no oír más voz que la tuya.

Novio. ¡Eso quiero yo!

Novia. Y no ver más que tus ojos. Y que me abrazaras tan fuerte, que aunque me llamara mi madre, que está muerta, no me pudiera despegar de ti.

Novio. Yo tengo fuerza en los brazos. Te voy a abrazar cuarenta años seguidos.

Novia. *(Dramática, cogiéndole del brazo.)* ¡Siempre!

Padre. ¡Vamos pronto! ¡A coger las caballerías y los carros! Que ya ha salido el sol.

Madre. ¡Que llevéis cuidado! No sea que tengamos mala hora.

(Se abre el gran portón del fondo. Empiezan a salir.)

Criada. *(Llorando.)*
Al salir de tu casa,
blanca doncella,
acuérdate[108] que sales
como una estrella...

Muchacha 1.ª Limpia de cuerpo y ropa
al salir de tu casa para la boda.

(Van saliendo.)

Muchacha 2.ª ¡Ya sales de tu casa
para la iglesia!

Criada. ¡El aire pone flores
por las arenas!

Muchacha 3.ª ¡Ay la blanca niña!

Criada. Aire oscuro el encaje
de su mantilla.

(Salen. Se oyen guitarras, palillos[109] y panderetas.[110] Quedan solos Leonardo y su Mujer.)

Mujer. Vamos.

Leonardo. ¿Adónde?

Mujer. A la iglesia. Pero no vas en el caballo. Vienes conmigo.

Leonardo. ¿En el carro?

Mujer. ¿Hay otra cosa?

Leonardo. Yo no soy hombre para ir en carro.

---

[108] **acuérdate**—remember.

[109] *palillos*—sticks or small rods that a seated flamenco singer taps on the edge of a chair to keep the beat.

[110] *panderetas*—tambourines.

Mujer. Y yo no soy mujer para ir sin su marido a un casamiento. ¡Que no puedo más!

Leonardo. ¡Ni yo tampoco!

Mujer. ¿Por qué me miras así? Tienes una espina en cada ojo.

Leonardo. ¡Vamos!

Mujer. No sé lo que pasa. Pero pienso y no quiero pensar. Una cosa sé. Yo ya estoy **despachada.**[111] Pero tengo un hijo. Y otro que viene. Vamos andando. El mismo sino tuvo mi madre. Pero de aquí no me muevo.

(Voces fuera.)

Voces.   ¡Al salir de tu casa
              para la iglesia,
              acuérdate que sales
              como una estrella!

Mujer.   *(Llorando.)*
              ¡Acuérdate que sales
              como una estrella!
Así salí yo de mi casa también. Que me cabía todo el campo en la boca.

Leonardo. *(Levantándose.)* Vamos.

Mujer. ¡Pero contigo!

Leonardo. Sí. *(Pausa.)* ¡Echa a andar!

(Salen.)

Voces.   Al salir de tu casa
              para la iglesia,
              acuérdate que sales
              como una estrella.

Telón lento

---

[111] **despachada**—discarded.

CUADRO SEGUNDO

*Exterior de la cueva de la **Novia**. Entonación en blancos grises y azules fríos. Grandes chumberas.*[112] *Tonos sombríos y plateados. Panorama de mesetas color barquillo,*[113] *todo **endurecido**[114] como paisaje de cerámica popular.*

Criada.   *(Arreglando en una mesa copas y bandejas.)*
Giraba,
giraba la rueda
y el agua pasaba,
porque llega la boda,
que se aparten las ramas
y la luna se adorne
por su blanca baranda.

(En voz alta.)

¡Pon los manteles!

(En voz patética.)

Cantaban,
cantaban los novios
y el agua pasaba.
Porque llega la boda,
que relumbre la escarcha
y se llenen de **miel**[115]
las almendras amargas.

(En voz alta.)

¡Prepara el vino!

---

[112] *chumberas*—prickly pears.
[113] *barquillo*—wafer.
[114] **endurecido**—hardened.
[115] **miel**—honey.

(En voz poética.)

Galana,
galana de la tierra,
mira cómo el agua pasa.
Porque llega tu boda
recógete las faldas
y bajo el ala[116] del novio
nunca salgas de tu casa.
Porque el novio es un palomo
con todo el pecho de brasa[117]
y espera el campo el rumor
de la sangre derramada.
Giraba,
giraba la rueda
y el agua pasaba.
¡Porque llega tu boda,
deja que relumbre el agua!

Madre. *(Entrando.)* ¡Por fin!

Padre. ¿Somos los primeros?

Criada. No. Hace rato llegó Leonardo con su mujer. Corrieron como demonios. La mujer llegó muerta de miedo. Hicieron el camino como si hubieran venido a caballo.

Padre. Ese busca la desgracia. No tiene buena sangre.

Madre. ¿Qué sangre va a tener? La de toda su familia. Mana de su bisabuelo, que empezó matando, y sigue en toda la mala ralea,[118] manejadores de cuchillos y gente de falsa sonrisa.

---

[116] **ala**—wing.
[117] **brasa**—ember.
[118] **ralea**—breed.

Padre. ¡Vamos a dejarlo!

Criada. ¿Cómo lo va a dejar?

Madre. Me duele hasta la punta de las venas. En la frente de todos ellos yo no veo más que la mano con que mataron a lo que era mío. ¿Tú me ves a mí? ¿No te parezco loca? Pues es loca de no haber gritado todo lo que mi pecho necesita. Tengo en mi pecho un grito siempre puesto de pie a quien tengo que castigar y meter entre los mantos. Pero me llevan a los muertos y hay que callar. Luego la gente critica.

(Se quita el manto.)

Padre. Hoy no es día de que te acuerdes de esas cosas.

Madre. Cuando sale la conversación, tengo que hablar. Y hoy más. Porque hoy me quedo sola en mi casa.

Padre. En espera de estar acompañada.

Madre. Esa es mi ilusión: los nietos.

(Se sientan.)

Padre. Yo quiero que tengan muchos. Esta tierra necesita brazos que no sean pagados. Hay que sostener una batalla con las malas hierbas, con los cardos, con los pedruscos[119] que salen no se sabe dónde. Y estos brazos tienen que ser de los **dueños**,[120] que castiguen y que dominen, que hagan brotar las simientes. Se necesitan muchos hijos.

Madre. ¡Y alguna hija! ¡Los **varones**[121] son del viento! Tienen por fuerza que manejar armas. Las niñas no salen jamás a la calle.

---

[119] pedruscos—rough pieces of stone.
[120] **dueños**—owners.
[121] **varones**—males.

Padre. (*Alegre.*) Yo creo que tendrán de todo.

Madre. Mi hijo la cubrirá bien. Es de buena simiente. Su padre pudo haber tenido conmigo muchos hijos.

Padre. Lo que yo quisiera es que esto fuera cosa de un día. Que en seguida tuvieran dos o tres hombres.

Madre. Pero no es así. Se tarda mucho. Por eso es tan terrible ver la sangre de una derramada por el suelo. Una fuente que corre un minuto y a nosotros nos ha costado años. Cuando yo llegué a ver a mi hijo, estaba **tumbado**[122] en mitad de la calle. Me mojé las manos de sangre y me las lamí con la lengua. Porque era mía. Tú no sabes lo que es eso. En una custodia de cristal y **topacios**[123] pondría yo la tierra empapada por ella.

Padre. Ahora tienes que esperar. Mi hija es ancha y tu hijo es fuerte.

Madre. Así espero.

(*Se levantan.*)

Padre. Prepara las bandejas de trigo.

Criada. Están preparadas.

Mujer de Leonardo. (*Entrando.*) ¡Que sea para bien!

Madre. Gracias.

Leonardo. ¿Va a haber fiesta?

Padre. Poca. La gente no puede **entretenerse**.[124]

Criada. ¡Ya están aquí!

---

[122] **tumbado**—lying down.

[123] **topacios**—topazes.

[124] **entretenerse**—dally about.

(Van entrando **Invitados** *en alegres grupos. Entran los* **Novios** *cogidos del brazo. Sale* **Leonardo**.*)*

Novio. En ninguna boda se vio tanta gente.

Novia. *(Sombría.)* En ninguna.

Padre. Fue **lucida**.[125]

Madre. Ramas enteras de familias han venido.

Novio. Gente que no salía de su casa.

Madre. Tu padre **sembró**[126] mucho y ahora lo **recoges**[127] tú.

Novio. Hubo primos míos que yo ya no conocía.

Madre. Toda la gente de la costa.

Novio. *(Alegre.)* Se espantaban de los caballos.

(Hablan.)

Madre. *(A la* **Novia**.*)* ¿Qué piensas?

Novia. No pienso en nada.

Madre. Las **bendiciones**[128] pesan mucho.

(Se oyen guitarras.)

Novia. Como el plomo.

Madre. *(Fuerte.)* Pero no han de pesar. **Ligera**[129] como paloma debes ser.

Novia. ¿Se queda usted aquí esta noche?

Madre. No. Mi casa está sola.

---

[125] **lucida**—splendid.

[126] **sembró**—sowed.

[127] **recoges**—you harvest, you reap.

[128] **bendiciones**—blessings, benedictions.

[129] **Ligera**—light.

Novia. ¡Debía usted quedarse!

Padre. *(A la* **Madre.***)* Mira el baile que tienen formado. Bailes de allá de la orilla del mar.

(Sale **Leonardo** *y se sienta. Su* **Mujer***, detrás de él, en actitud rígida.)*

Madre. Son los primos de mi marido. Duros como piedras para la danza.

Padre. Me alegra el verlos. ¡Qué cambio para esta casa!

(Se va.)

Novio. *(A la* **Novia.***)* ¿Te gustó el azahar?

Novia. *(Mirándole fija.)* Sí.

Novio. Es todo de cera. Dura siempre. Me hubiera gustado que llevaras en todo el vestido.

Novia. No hace falta.

(Mutis[130] **Leonardo** *por la derecha.)*

Muchacha 1.ª Vamos a quitarle los alfileres.

Novia. *(Al* **Novio.***)* Ahora vuelvo.

Mujer. ¡Que seas feliz con mi prima!

Novio. Tengo seguridad.

Mujer. Aquí los dos; sin salir nunca y a levantar la casa. ¡Ojalá yo viviera también así de lejos!

Novio. ¿Por qué no compráis tierras? El monte es barato y los hijos se crían mejor.

Mujer. No tenemos dinero. ¡Y con el camino que llevamos!

Novio. Tu marido es un buen trabajador.

---

[130] *Mutis*—exit (theater).

Mujer. Sí, pero le gusta **volar**[131] demasiado. Ir de una cosa a otra. No es hombre tranquilo.

Criada. ¿No tomáis nada? Te voy a envolver unos roscos de vino para tu madre, que a ella le gustan mucho.

Novio. Ponle tres docenas.

Mujer. No, no. Con media tiene bastante.

Novio. Un día es un día.

Mujer. *(A la* **Criada.***)* ¿Y Leonardo?

Criada. No lo vi.

Novio. Debe estar con la gente.

Mujer. ¡Voy a ver! *(Se va.)*

Criada. Aquello está hermoso.

Novio. ¿Y tú no bailas?

Criada. No hay quien me saque.

(Pasan al fondo dos **Muchachas**; *durante todo este acto, el fondo será un animado cruce de figuras.)*

Novio. *(Alegre.)* Eso se llama no entender. Las viejas frescas como tú bailan mejor que las jóvenes.

Criada. Pero ¿vas a echarme **requiebros**,[132] niño? ¡Qué familia la tuya! ¡Machos entre los machos! Siendo niña vi la boda de tu abuelo. ¡Qué figura! Parecía como si se casara un monte.

Novio. Yo tengo menos estatura.

Criada. Pero el mismo brillo en los ojos. ¿Y la niña?

---

[131] **volar**—to rush.
[132] **requiebros**—flirtatious compliments.

Novio. Quitándose la toca.

Criada. ¡Ah! Mira. Para la medianoche, como no dormiréis, os he preparado jamón y unas copas grandes de vino antiguo. En la parte baja de la **alacena.**[133] Por si lo necesitáis.

Novio. *(Sonriente.)* No como a medianoche.

Criada. *(Con malicia.)*[134] Si tú no, la novia.

(Se va.)

Mozo 1.º *(Entrando.)* ¡Tienes que beber con nosotros!

Novio. Estoy esperando a la novia.

Mozo 2.º ¡Ya la tendrás en la madrugada!

Mozo 1.º ¡Que es cuando más gusta!

Mozo 2.º Un momento.

Novio. Vamos.

*(Salen. Se oye gran algazara. Sale la **Novia**. Por el lado opuesto salen dos **Muchachas** corriendo a encontrarla.)*

Muchacha 1.ª ¿A quién diste el primer alfiler, a mí o a esta?

Novia. No me acuerdo.

Muchacha 1.ª A mí me lo diste aquí.

Muchacha 2.ª A mí delante del altar.

Novia. *(Inquieta y con una gran lucha interior.)* No sé nada.

Muchacha 1.ª Es que yo quisiera que tú. . .

Novia. *(Interrumpiendo.)* Ni me importa. Tengo mucho que pensar.

---

[133] **alacena**—food cupboard.
[134] *malicia*—malice.

Muchacha 2.ª Perdona.

*(***Leonardo*** *cruza el fondo.)*

Novia. *(Ve a* **Leonardo***.)* Y estos momentos son agitados.

Muchacha 1.ª ¡Nosotras no sabemos nada!

Novia. Ya lo sabréis cuando os llegue la hora. Estos pasos son pasos que cuestan mucho.

Muchacha 1.ª ¿Te ha **disgustado?**[135]

Novia. No. Perdonad vosotras.

Muchacha 2.ª ¿De qué? Pero los dos alfileres sirven para casarse, ¿verdad?

Novia. Los dos.

Muchacha 1.ª Ahora, que una se casa antes que otra.

Novia. ¿Tantas ganas tenéis?

Muchacha 2.ª *(Vergonzosa.)* Sí.

Novia. ¿Para qué?

Muchacha 1.ª Pues... *(Abrazando a la segunda.)*

(Hechan a correr las dos. Llega el **Novio** *y, muy despacio, abraza a la* **Novia** *por detrás.)*

Novia. *(Con gran* **sobresalto***.)*[136] ¡Quita!

Novio. ¿Te asustas de mí?

Novia. ¡Ay! ¿Eras tú?

Novio. ¿Quién iba a ser? *(Pausa.)* Tu padre o yo.

Novia. ¡Es verdad!

---

[135] **disgustado**—displeased.
[136] *sobresalto*—scare.

Novio. Ahora que tu padre te hubiera abrazado más blando.

Novia. *(Sombría.)* ¡Claro!

Novio. Porque es viejo. *(La abraza fuertemente de un modo un poco brusco.)*

Novia. *(Seca.)* ¡Déjame!

Novio. ¿Por qué? *(La deja.)*

Novia. Pues... la gente. Pueden vernos.

(Vuelve a cruzar el fondo la **Criada,** *que no mira a los* **Novios.***)*

Novio. ¿Y qué? Ya es sagrado.

Novia. Sí, pero déjame... Luego.

Novio. ¿Qué tienes? ¡Estás como asustada!

Novia. No tengo nada. No te vayas.

(Sale la **Mujer de Leonardo.***)*

Mujer. No quiero interrumpir...

Novio. Dime.

Mujer. ¿Pasó por aquí mi marido?

Novio. No.

Mujer. Es que no le encuentro y el caballo no está tampoco en el **establo.**[137]

Novio. *(Alegre.)* Debe estar dándole una carrera.

(Se va la **Mujer,** *inquieta. Sale la* **Criada.***)*

Criada. ¿No andáis satisfechos de tanto saludo?

---

[137] **establo**—stable.

Novio. Ya estoy deseando que esto acabe. La novia está un poco cansada.

Criada. ¿Qué es eso, niña?

Novia. ¡Tengo como un golpe en las sienes!

Criada. Una novia de estos montes debe ser fuerte. *(Al* **Novio.***)* Tú eres el único que la puedes curar, porque tuya es.

(Sale corriendo.)

Novio. *(Abrazándola.)* Vamos un rato al baile. *(La besa.)*

Novia. *(Angustiada.)* No. Quisiera echarme en la cama un poco.

Novio. Yo te haré compañía.

Novia. ¡Nunca! ¿Con toda la gente aquí? ¿Qué dirían? Déjame sosegar[138] un momento.

Novio. ¡Lo que quieras! ¡Pero no estés así por la noche!

Novia. *(En la puerta.)* A la noche estaré mejor.

Novio. ¡Que es lo que yo quiero!

(Aparece la **Madre.***)*

Madre. Hijo.

Novio. ¿Dónde anda usted?

Madre. En todo ese ruido. ¿Estás contento?

Novio. Sí.

Madre. ¿Y tu mujer?

Novio. Descansa un poco. ¡Mal día para las novias!

---

[138] **sosegar**—rest.

Madre. ¿Mal día? El único bueno. Para mí fue como una herencia. *(Entra la **Criada** y se dirige al cuarto de la **Novia**.)* Es la roturación de las tierras, la plantación de árboles nuevos.

Novio. ¿Usted se va a ir?

Madre. Sí. Yo tengo que estar en mi casa.

Novio. Sola.

Madre. Sola, no. Que tengo la cabeza llena de cosas y de hombres y de luchas.

Novio. Pero luchas que ya no son luchas.

*(Sale la **Criada** rápidamente; desaparece corriendo por el fondo.)*

Madre. Mientras una vive, lucha.

Novio. ¡Siempre la **obedezco**![139]

Madre. Con tu mujer procura estar cariñoso, y si la notas infatuada o arisca, hazle una **caricia**[140] que le produzca un poco de daño, un abrazo fuerte, un mordisco y luego un beso suave. Que ella no pueda disgustarse, pero que sienta que tú eres el macho, el amo, el que mandas. Así aprendí de tu padre. Y como no lo tienes, tengo que ser yo la que te enseñe estas fortalezas.

Novio. Yo siempre haré lo que usted mande.

Padre. *(Entrando.)* ¿Y mi hija?

Novio. Está dentro.

Muchacha 1.ª ¡Vengan los novios, que vamos a bailar la rueda!

---

[139] **obedezco**—obey.
[140] **caricia**—caress.

Mozo 1.º (*Al* **Novio.**) Tú la vas a dirigir.

Padre. (*Saliendo.*) ¡Aquí no está!

Novio. ¿No?

Padre. Debe haber subido a la baranda.

Novio. ¡Voy a ver! (*Entra.*)

(*Se oye algazara y guitarras.*)

Muchacha 1.ª ¡Ya ha empezado!

(*Sale.*)

Novio. (*Saliendo.*) No está.

Madre. (*Inquieta.*) ¿No?

Padre. ¿Y adónde puede haber ido?

Criada. (*Entrando.*) Y la niña, ¿dónde está?

Madre. (*Seria.*) No lo sabemos.

(*Sale el* **Novio.** *Entran tres* **Invitados.***)

Padre. (*Dramático.*) Pero ¿no está en el baile?

Criada. En el baile no está.

Padre. (*Con* **arranque.**)¹⁴¹ Hay mucha gente. ¡Mirad!

Criada. ¡Ya he mirado!

Padre. (*Trágico.*) ¿Pues dónde está?

Novio. (*Entrando.*) Nada. En ningún sitio.

Madre. (*Al* **Padre.***) ¿Qué es esto? ¿Dónde está tu hija?

(*Entra la* **Mujer de Leonardo.***)

---

¹⁴¹ *arranque*—sudden start.

Mujer. ¡Han **huido!**[142] ¡Han huido! Ella y Leonardo. En el caballo. Van abrazados, como una exhalación.

Padre. ¡No es verdad! ¡Mi hija, no!

Madre. ¡Tu hija, sí! Planta de mala madre, y él, él también, él. Pero ¡ya es la mujer de mi hijo!

Novio. *(Entrando.)* ¡Vamos detrás! ¿Quién tiene un caballo?

Madre. ¿Quién tiene un caballo ahora mismo, quién tiene un caballo? Que le daré todo lo que tengo, mis ojos y hasta mi lengua...

Voz. Aquí hay uno.

Madre. *(Al* **Hijo.***)* ¡Anda! ¡Detrás! *(Salen con dos mozos.)* No. No vayas. Esa gente mata pronto y bien...; pero ¡sí, corre, y yo detrás!

Padre. No será ella. Quizá se haya tirado al aljibe.

Madre. Al agua se tiran las honradas, las limpias; ¡esa, no! Pero ya es mujer de mi hijo. Dos **bandos.**[143] Aquí hay ya dos bandos. *(Entran todos.)* Mi familia y la tuya. Salid todos de aquí. Limpiarse el polvo de los zapatos. Vamos a ayudar a mi hijo. *(La gente se separa en dos grupos.)* Porque tiene gente; que son: sus primos del mar y todos los que llegan de tierra adentro. ¡Fuera de aquí! Por todos los caminos. Ha llegado otra vez la hora de la sangre. Dos bandos. Tú con el tuyo y yo con el mío. ¡Atrás! ¡Atrás!

Telón

---

[142] **huido**—run away.
[143] **bandos**—sides, parties.

Acto Tercero

CUADRO PRIMERO

Bosque. Es de noche. Grandes troncos húmedos. Ambiente oscuro. Se oyen dos violines. Salen tres **Leñadores.**

Leñador 1.º ¿Y los han encontrado?

Leñador 2.º No. Pero los buscan por todas partes.

Leñador 3.º Ya darán con ellos.

Leñador 2.º ¡Chissss!

Leñador 3.º ¿Qué?

Leñador 2.º Parece que se acercan por todos los caminos a la vez.

Leñador 1.º Cuando salga la luna los verán.

Leñador 2.º Debían dejarlos.

Leñador 1.º El mundo es grande. Todos pueden vivir en él.

Leñador 3.º Pero los matarán.

Leñador 2.º Hay que seguir la inclinación; han hecho bien en huir.

Leñador 1.º Se estaban **engañando**[144] uno a otro y al fin la sangre pudo más.

Leñador 3.º ¡La sangre!

Leñador 1.º Hay que seguir el camino de la sangre.

Leñador 2.º Pero la sangre que ve la luz se la bebe la tierra.

---

[144] **engañando**—deluding, fooling.

Leñador 1.º ¿Y qué? Vale más ser muerto desangrado que vivo con ella podrida.

Leñador 3.º Callar.

Leñador 1.º ¿Qué? ¿Oyes algo?

Leñador 3.º Oigo los grillos, las ranas,[145] el acecho de la noche.

Leñador 1.º Pero el caballo no se siente.

Leñador 3.º No.

Leñador 1.º Ahora la estará queriendo.

Leñador 2.º El cuerpo de ella era para él y el cuerpo de él para ella.

Leñador 3.º Los buscan y los matarán.

Leñador 1.º Pero ya habrán mezclado sus sangres y serán como dos cántaros[146] vacíos, como dos arroyos secos.

Leñador 2.º Hay muchas nubes y será fácil que la luna no salga.

Leñador 3.º El novio los encontrará con luna o sin luna. Yo lo vi salir. Como una estrella furiosa. La cara color ceniza. Expresaba el sino de su casta.

Leñador 1.º Su casta de muertos en mitad de la calle.

Leñador 2.º ¡Eso es!

Leñador 3.º ¿Crees que ellos lograrán romper el cerco?[147]

Leñador 2.º Es difícil. Hay cuchillos y escopetas a diez leguas a la redonda.

Leñador 3.º El lleva buen caballo.

---

[145] **ranas**—frogs.

[146] cántaros—pitchers, jugs.

[147] **cerco**—circle; figuratively, the group of pursuers surrounding the couple.

Leñador 2.° Pero lleva una mujer.

Leñador 1.° Ya estamos cerca.

Leñador 2.° Un árbol de cuarenta ramas. Lo cortaremos pronto.

Leñador 3.° Ahora sale la luna. Vamos a darnos prisa.

(Por la izquierda surge una claridad.)

Leñador 1.°   ¡Ay luna que sales!
Luna de las hojas grandes.

Leñador 2.°   ¡Llena de jazmines la sangre!

Leñador 1.°   ¡Ay luna sola!
¡Luna de las verdes hojas!

Leñador 2.°   Plata en la cara de la novia.

Leñador 3.°   ¡Ay luna mala!
Deja para el amor la oscura rama.

Leñador 1.°   ¡Ay triste luna!
¡Deja para el amor la rama oscura!

(Salen. Por la claridad de la izquierda aparece la **Luna.** *La* **Luna** *es un leñador joven, con la cara blanca. La escena adquiere un vivo resplandor azul.)*

Luna.   Cisne redondo en el río,
ojo de las catedrales,
alba fingida en las hojas
soy; ¡no podrán escaparse!
¿Quién se oculta?
¿Quién solloza
por la maleza del valle?
La luna deja un cuchillo
abandonado en el aire,
que siendo acecho de plomo
quiere ser dolor de sangre.

¡Dejadme entrar! ¡Vengo helada
por paredes y cristales!
¡Abrid tejados y pechos
donde pueda calentarme!
¡Tengo frío! Mis cenizas
de soñolientos metales
buscan la cresta del fuego
por los montes y las calles.
Pero me lleva la nieve
sobre su espalda de jaspe,
y me **anega**,[148] dura y fría,
el agua de los **estanques**.[149]
Pues esta noche tendrán
mis mejillas roja sangre,
y los juncos agrupados
en los anchos pies del aire.
¡No haya sombra ni emboscada,
que no puedan escaparse!
¡Que quiero entrar en un pecho
para poder calentarme!
¡Un corazón para mí!
¡Caliente!, que **se derrame**[150]
por los montes de mi pecho;
dejadme entrar, ¡ay, dejadme!

(A las ramas.)

No quiero sombras. Mis rayos
han de entrar en todas partes,
y haya en los troncos oscuros
un rumor de claridades,
para que esta noche tengan
mis mejillas dulce sangre,
y los juncos agrupados

---

[148] **anega**—drowns.
[149] **estanques**—ponds.
[150] **se derrame**—it overflows.

en los anchos pies del aire.
¿Quién se oculta? ¡Afuera digo!
¡No! ¡No podrán escaparse!
Yo haré lucir al caballo
una fiebre de diamante.

(Desaparece entre los troncos y vuelve la escena a su luz oscura. Sale una **Mendiga** *totalmente cubierta por* **tenues**[151] *paños verdeoscuros. Lleva los pies descalzos. Apenas si se le verá el rostro entre los pliegues. Este personaje no figura en el reparto.)*

Mendiga.   Esa luna se va, y ellos se acercan.
De aquí no pasan. El rumor del río
apagará con el rumor de troncos
el desgarrado vuelo de los gritos.
Aquí ha de ser, y pronto. Estoy cansada.
Abren los **cofres,**[152] y los blancos hilos
aguardan por el suelo de la alcoba
cuerpos pesados con el cuello herido.
No se despierte un pájaro y la brisa,
recogiendo en su falda los gemidos,
huya con ellos por las negras copas
o los entierre por el blando limo.
¡Esa luna, esa luna!

(Impaciente.)

¡Esa luna, esa luna!

(Aparece la **Luna.** *Vuelve la luz intensa.)*

Luna.   Ya se acercan.
Unos por la cañada[153] y otros por el río.
Voy a alumbrar las piedras. ¿Qué necesitas?

---

[151] **tenues**—thin.

[152] **cofres**—chests.

[153] cañada—gorge, ravine between two mountains.

Mendiga.	Nada.
Luna.	El aire va llegando duro, con doble filo.
Mendiga.	Ilumina el **chaleco**[154] y aparta los botones, que despúes las navajas ya saben el camino.
Luna.	Pero que tarden mucho en morir. Que la sangre me ponga entre los dedos su delicado **silbo**.[155] ¡Mira que ya mis valles de ceniza despiertan en ansia de esta fuente de chorro estremecido!
Mendiga.	No dejemos que pasen el arroyo. ¡Silencio!
Luna.	¡Allí vienen!

(Se va. Queda la escena a oscuras.)

Mendiga.	¡De prisa! Mucha luz. ¿Me has oído? ¡No pueden escaparse!

(Entran el **Novio** *y* **Mozo 1.º***. La* **Mendiga** *se sienta y se* ***tapa***[156] *con el manto.)*

Novio. Por aquí.

Mozo 1.º No los encontrarás.

Novio. *(Enérgico.)* ¡Sí los encontraré!

Mozo 1.º Creo que se han ido por otra vereda.

Novio. No. Yo sentí hace un momento el galope.

Mozo 1.º Sería otro caballo.

---

[154] **chaleco**—waistcoast, vest.

[155] **silbo**—whistle.

[156] *se tapa*—covers herself up, wraps herself.

Novio. (*Dramático.*) Oye. No hay más que un caballo en el mundo, y es este. ¿Te has enterado? Si me sigues, sígueme sin hablar.

Mozo 1.° Es que yo quisiera. . .

Novio. Calla. Estoy seguro de encontrármelos aquí. ¿Ves este brazo? Pues no es mi brazo. Es el brazo de mi hermano y el de mi padre y el de toda mi familia que está muerta. Y tiene tanto poderío, que puede arrancar este árbol de raíz si quiere. Y vamos pronto, que siento los dientes de todos los míos clavados aquí de una manera que se me hace imposible respirar tranquilo.

Mendiga. (*Quejándose.*) ¡Ay!

Mozo 1.° ¿Has oído?

Novio. Vete por ahí y da la vuelta.

Mozo 1.° Esto es una **caza**.[157]

Novio. Una caza. La más grande que se puede hacer.

(*Se va el* **Mozo**. *El* **Novio** *se dirige rápidamente hacia la izquierda y tropieza con la* **Mendiga**, *la* **Muerte**.)

Mendiga. ¡Ay!

Novio. ¿Qué quieres?

Mendiga. Tengo frío.

Novio. ¿Adónde te diriges?

Mendiga. (*Siempre quejándose como una mendiga.*) Allá lejos. . .

Novio. ¿De dónde vienes?

Mendiga. De allí . . . , de muy lejos.

---

[157] **caza**—hunt.

Novio. ¿Viste un hombre y una mujer que corrían montados en un caballo?

Mendiga. *(Despertándose.)* Espera... *(Lo mira.)* Hermoso galán. *(Se levanta.)* Pero mucho más hermoso si estuviera dormido.

Novio. Dime, contesta, ¿los viste?

Mendiga. Espera... ¡Qué espaldas más anchas! ¿Cómo no te gusta estar tendido sobre ellas y no andar sobre las plantas de los pies, que son tan chicas?

Novio. *(Zamarreándola.)*[158] ¡Te digo si los viste! ¿Han pasado por aquí?

Mendiga. *(Enérgica.)* No han pasado; pero están saliendo de la colina. ¿No los oyes?

Novio. No.

Mendiga. ¿Tú no conoces el camino?

Novio. ¡Iré, sea como sea!

Mendiga. Te acompañaré. Conozco esta tierra.

Novio. *(Impaciente.)* ¡Pero vamos! ¿Por dónde?

Mendiga. *(Dramática.)* ¡Por allí!

(Salen rápidos. Se oyen lejanos dos violines que expresan el bosque. Vuelven los **Leñadores**. *Llevan las* **hachas**[159] *al hombro. Pasan lentos entre los troncos.)*

Leñador 1.º   ¡Ay muerte que sales!
            Muerte de las hojas grandes.

Leñador 2.º   ¡No abras el chorro de la sangre!

Leñador 1.º   ¡Ay muerte sola!
            Muerte de las secas hojas.

---

[158] **Zamarreándola**—shaking her.
[159] **hachas**—axes.

Leñador 3.º ¡No cubras de flores la boda!

Leñador 2.º ¡Ay triste muerte!
Deja para el amor la rama verde.

Leñador 1.º ¡Ay muerte mala!
¡Deja para el amor la verde rama!

(Van saliendo mientras hablan. Aparecen **Leonardo** *y
la* **Novia**.)

Leonardo. ¡Calla!

Novia. Desde aquí yo me iré sola.
¡Vete! ¡Quiero que te vuelvas!

Leonardo. ¡Calla, digo!

Novia.   Con los dientes,
con las manos, como puedas,
quita de mi cuello honrado
el metal de esta cadena,
dejándome arrinconada
allá en mi casa de tierra.
Y si no quieres matarme
como a víbora pequeña,
pon en mis manos de novia
el cañón de la escopeta.
¡Ay, qué lamento, qué fuego
me sube por la cabeza!
¡Qué vidrios se me clavan en la lengua!

Leonardo. Ya dimos el paso; ¡calla!,
porque nos persiguen cerca
y te he de llevar conmigo.

Novia. ¡Pero ha de ser a la fuerza!

Leonardo. ¿A la fuerza? ¿Quién bajó
primero las escaleras?

204   **Federico García Lorca**

Novia.	Yo las bajé.
Leonardo.	¿Quién le puso al caballo bridas nuevas?
Novia.	Yo misma. Verdad.
Leonardo.	¿Y qué manos me calzaron[160] las espuelas?
Novia.	Estas manos que son tuyas, pero que al verte quisieran quebrar las ramas azules y el murmullo de tus venas. ¡Te quiero! ¡Te quiero! ¡Aparta! Que si matarte pudiera, te pondría una mortaja con los filos de violetas. ¡Ay, qué lamento, qué fuego me sube por la cabeza!
Leonardo.	¡Qué vidrios se me clavan en la lengua! Porque yo quise olvidar y puse un muro de piedra entre tu casa y la mía. Es verdad. ¿No lo recuerdas? Y cuando te vi de lejos me eché en los ojos arena. Pero montaba a caballo y el caballo iba a tu puerta. Con alfileres de plata mi sangre se puso negra, y el sueño me fue llenando las carnes de mala hierba. Que yo no tengo la culpa, que la culpa es de la tierra y de ese olor que te sale de los pechos y las trenzas.

---

[160] me calzaron—put on my feet.

Novia.   ¡Ay qué sinrazón![161] No quiero
contigo cama ni cena,
y no hay minuto del día
que estar contigo no quiera,
porque me arrastras y voy,
y me dices que me vuelva
y te sigo por el aire
como una brizna de hierba.
He dejado a un hombre duro
y a toda su descendencia
en la mitad de la boda
y con la corona puesta.
Para ti será el castigo
y no quiero que lo sea.
¡Déjame sola! ¡Huye tú!
No hay nadie que te defienda.

Leonardo.   Pájaros de la mañana
por los árboles se quiebran.
La noche se está muriendo
en el filo de la piedra.
Vamos al rincón oscuro,
donde yo siempre te quiera,
que no me importa la gente,
ni el veneno que nos echa.

(La abraza fuertemente.)

Novia.   Y yo dormiré a tus pies
para guardar lo que sueñas.
Desnuda, mirando al campo,

(Dramática.)

como si fuera una perra,
¡porque eso soy! Que te miro
y tu hermosura me quema.

---

[161] sinrazón—injustice.

Leonardo. Se abrasa lumbre con lumbre.
La misma llama pequeña
mata dos espigas juntas.
¡Vamos!

(La arrastra.)

Novia. ¿Adónde me llevas?

Leonardo. A donde no puedan ir
estos hombres que nos cercan.
¡Donde yo pueda mirarte!

Novia. *(Sarcástica.)*
Llévame de feria en feria,
dolor de mujer honrada,
a que las gentes me vean
con las sábanas de boda
al aire como banderas.

Leonardo. También yo quiero dejarte
si pienso como se piensa.
Pero voy donde tú vas.
Tú también. Da un paso. Prueba.
Clavos de luna **nos funden**[162]
mi cintura y tus **caderas.**[163]

(Toda esta escena es violenta, llena de gran sensualidad.)

Novia. ¿Oyes?

Leonardo. Viene gente.

Novia. ¡Huye!
Es justo que yo aquí muera
con los pies dentro del agua,
espinas en la cabeza.
Y que me lloren las hojas,
mujer perdida y doncella.

---

[162] **nos funden**—merge us.
[163] **caderas**—hips.

Leonardo.	Cállate. Ya suben.
Novia.	¡Vete!
Leonardo.	Silencio. Que no nos sientan.
	Tú delante. ¡Vamos, digo!

(Vacila la **Novia.***)*

Novia.	¡Los dos juntos!
Leonardo.	*(Abrazándola.)* ¡Como quieras!
	Si nos separan, será
	porque esté muerto.
Novia.	Y yo muerta.

(Salen abrazados. Aparece la **Luna** *muy despacio. La escena adquiere una fuerte luz azul. Se oyen los dos violines. Bruscamente se oyen dos largos gritos desgarrados y se corta la música de los violines. Al segundo grito aparece la* **Mendiga** *y queda de espaldas. Abre el manto y queda en el centro, como un gran pájaro de alas inmensas. La* **Luna** *se detiene. El telón baja en medio de un silencio absoluto.)*

Telón

CUADRO ULTIMO

*Habitación blanca con arcos y gruesos muros. A la derecha
y a la izquierda, escaleras blancas. Gran arco al fondo y
pared del mismo color. El suelo será también de un blanco
reluciente. Esta habitación simple tendrá un sentido monu-
mental de iglesia. No habrá ni un gris, ni una sombra, ni
siquiera lo preciso para la perspectiva.*

Dos **Muchachas** *vestidas de azul oscuro están* **devanando**[164]
una madeja[165] *roja.*

Muchacha 1.ª Madeja, madeja,
          ¿qué quieres hacer?

Muchacha 2.ª Jazmín de vestido,
          cristal de papel.
          Nacer a las cuatro,
          morir a las diez.
          Ser hilo de lana,
          cadena a tus pies
          y nudo que apriete
          amargo laurel.

Niña. *(Cantando.)*
      ¿Fuísteis a la boda?

Muchacha 1.ª No.

Niña. ¡Tampoco fui yo!
      ¿Qué pasaría
      por los tallos de la viña?
      ¿Qué pasaría
      por el ramo de la oliva?
      ¿Qué pasó
      que nadie volvió?
      ¿Fuísteis a la boda?

---

[164] **devanando**—winding.
[165] *madeja*—skein of yarn.

Muchacha 2.ª	Hemos dicho que no.
Niña.	*(Yéndose.)*
	¡Tampoco fui yo!
Muchacha 2.ª	Madeja, madeja,
	¿qué quieres cantar?
Muchacha 1.ª	Heridas de cera,
	dolor de **arrayán.**[166]
	Dormir la mañana,
	de noche velar.
Niña.	*(En la puerta.)*
	El hilo **tropieza**[167]
	con el pedernal.
	Los montes azules
	lo dejan pasar.
	Corre, corre, corre,
	y al fin llegará
	a poner cuchillo y
	a quitar el pan.

(Se va.)

Muchacha 2.ª	Madeja, madeja,
	¿qué quieres decir?
Muchacha 1.ª	Amante sin habla.
	Novio carmesí.
	Por la orilla muda
	tendidos los vi.

(Se detiene mirando la madeja.)

Niña.	*(Asomándose a la puerta.)*
	Corre, corre, corre,
	el hilo hasta aquí.
	Cubiertos de barro

---

[166] **arrayán**—myrtle.
[167] **tropieza**—runs into.

los siento venir.
¡Cuerpos estirados,
paños de marfil!

(*Se va. Aparecen la* **Mujer** *y la* **Suegra** *de Leonardo.*
Llegan angustiadas.)

Muchacha 1.ª ¿Vienen ya?

Suegra.   (*Agria.*) No sabemos.

Muchacha 2.ª ¿Qué contáis de la boda?

Muchacha 1.ª   Dime.

Suegra.   (*Seca.*)   Nada.

Mujer.   Quiero volver para saberlo todo.

Suegra.   (*Enérgica.*) Tú, a tu casa.
Valiente y sola en tu casa.
A **envejecer**[168] y a llorar.
Pero la puerta cerrada.
Nunca. Ni muerto ni vivo.
Clavaremos las ventanas.
Y vengan lluvias y noches
sobre las hierbas amargas.

Mujer.   ¿Qué habrá pasado?

Suegra.   No importa.
Echate un velo en la cara.
Tus hijos son hijos tuyos
nada más. Sobre la cama
pon una cruz de ceniza
donde estuvo su almohada.

(*Salen.*)

Mendiga.   (*A la puerta.*)
Un pedazo de pan, muchachas.

---

[168] **envejecer**—to grow old.

Niña.   ¡Vete!

(Las **Muchachas** *se agrupan.)*

Mendiga.   ¿Por qué?

Niña.   Porque tú gimes: vete.

Muchacha 1.ª   ¡Niña!

Mendiga.   ¡Pude pedir tus ojos! Una nube
de pájaros me sigue; ¿quieres uno?

Niña.   ¡Yo me quiero marchar!

Muchacha 2.ª *(A la* **Mendiga.***)*   ¡No le hagas
caso![169]

Muchacha 1.ª ¿Vienes por el camino del arroyo?

Mendiga.   Por allí vine.

Muchacha 1.ª *(Tímida.)*   ¿Puedo preguntarte?

Mendiga.   Yo los vi; pronto llegan: dos torrentes
quietos al fin entre las piedras grandes,
dos hombres en las patas del caballo.
Muertos en la hermosura de la noche.

(Con delectación.)

Muertos, sí, muertos.

Muchacha 1.ª   ¡Calla, vieja, calla!

Mendiga.   Flores rotas los ojos, y sus dientes
dos puñados de nieve endurecida.
Los dos cayeron, y la novia vuelve
teñida en sangre falda y cabellera.
Cubiertos con dos mantas ellos vienen
sobre los hombros de los mozos altos.

---

[169] ¡No le hagas caso!—Pay no attention to her!

212   **Federico García Lorca**

Así fue; nada más. Era lo justo.
Sobre la flor del oro, sucia arena.

(Se va. Las **Muchachas** *inclinan la cabeza y rítmicamente van saliendo.)*

Muchacha 1.ª Sucia arena.

Muchacha 2.ª Sobre la flor del oro.

Niña. Sobre la flor del oro
traen a los muertos del arroyo.
Morenito el uno,
morenito el otro.
¡Qué ruiseñor de sombra vuela y gime
sobre la flor del oro!

(Se va. Queda la escena sola. Aparece la **Madre** *con una* **Vecina.** *La* **Vecina** *viene llorando.)*

Madre. Calla.

Vecina. No puedo.

Madre. Calla, he dicho. *(En la puerta.)* ¿No hay nadie aquí? *(Se lleva las manos a la frente.)* Debía contestarme mi hijo. Pero mi hijo es ya un brazado[170] de flores secas. Mi hijo es ya una voz oscura detrás de los montes. *(Con rabia, a la* **Vecina.***)* ¿Te quieres callar? No quiero llantos en esta casa. Vuestras lágrimas son lágrimas de los ojos nada más, y las mías vendrán cuando yo esté sola, de las plantas de los pies, de mis raíces, y serán más ardientes que la sangre.

Vecina. Vente a mi casa; no te quedes aquí.

Madre. Aquí. Aquí quiero estar. Y tranquila. Ya todos están muertos. A medianoche dormiré, dormiré sin

---

[170] brazado—armful.

que ya **me aterren**[171] la escopeta o el cuchillo. Otras madres se asomarán a las ventanas, azotadas por la lluvia, para ver el rostro de sus hijos. Yo, no. Yo haré con mi sueño una fría paloma de marfil que lleve camelias de escarcha sobre el **camposanto.**[172] Pero no; camposanto, no, camposanto, no; lecho de tierra, cama que los cobija y que los mece por el cielo. *(Entra una* **Mujer** *de negro que se dirige a la derecha y allí* ***se arrodilla.****[173] A la* **Vecina.***)* Quítate las manos de la cara. Hemos de pasar días terribles. No quiero ver a nadie. La tierra y yo. Mi llanto y yo. Y estas cuatro paredes. ¡Ay! ¡Ay! *(Se sienta transida.)*

Vecina. Ten **caridad**[174] de ti misma.

Madre. *(Echándose el pelo hacia atrás.)* He de estar serena. *(Se sienta.)* Porque vendrán las vecinas y no quiero que me vean tan pobre. ¡Tan pobre! Una mujer que no tiene un hijo siquiera que poderse llevar a los labios.

(Aparece la **Novia.** *Viene sin azahar y con un manto negro.)*

Vecina. *(Viendo a la* **Novia,** *con rabia.)* ¿Dónde vas?

Novia. Aquí vengo.

Madre. *(A la* **Vecina.***)* ¿Quién es?

Vecina. ¿No la reconoces?

Madre. Por eso pregunto quién es. Porque tengo que reconocerla, para no clavarla mis dientes en el cuello, ¡Víbora! *(Se dirige hacia la* **Novia** *con ademán fulminante; se detiene. A la* **Vecina.***)* ¿La ves? Está ahí, y está llorando, y yo quieta, sin arrancarle los ojos.

---

[171] **me aterren**—terrify me.
[172] **camposanto**—cemetery.
[173] ***se arrodilla***—kneels.
[174] **caridad**—charity.

No me entiendo. ¿Será que yo no quería a mi hijo?
Pero ¿y su honra? ¿Dónde está su honra?

(Golpea a la **Novia.** *Esta cae al suelo.)*

Vecina. ¡Por Dios! *(Trata de separarlas.)*

Novia. *(A la* **Vecina.***)* Déjala; he venido para que me
mate y que me lleven con ellos. *(A la* **Madre.***)* Pero
no con las manos; con garfios de alambre,[175] con una
hoz, y con fuerza, hasta que se rompa en mis
huesos. ¡Déjala! Que quiero que sepa que yo
soy limpia, que estaré loca, pero que me pueden
enterrar sin que ningún hombre se haya mirado en
la blancura de mis pechos.

Madre. Calla, calla; ¿qué me importa eso a mí?

Novia. ¡Porque yo me fui con el otro, me fui! *(Con
angustia.)* Tú también te hubieras ido. Yo era una
mujer quemada, llena de llagas por dentro y por
fuera, y tu hijo era un poquito de agua de la que yo
esperaba hijos, tierra, salud; pero el otro era un río
oscuro, lleno de ramas, que acercaba a mí el rumor
de sus juncos y su cantar entre dientes. Y yo corría
con tu hijo, que era como un niñito de agua, frío,
y el otro me mandaba cientos de pájaros que me
impedían el andar y que dejaban escarcha sobre
mis heridas de pobre mujer marchita, de muchacha
acariciada por el fuego. Yo no quería, ¡óyelo bien!;
yo no quería, ¡óyelo bien!, yo no quería. ¡Tu hijo
era mi fin y yo no lo he engañado, pero el brazo del
otro me arrastró como un golpe de mar, como la
cabezada de un mulo, y me hubiera arrastrado siempre, siempre, siempre, aunque hubiera sido vieja y
todos los hijos de tu hijo me hubiesen agarrado de
los cabellos!

---

[175] garfios de alambre—wire hooks.

(Entra una **Vecina**.*)*

Madre. Ella no tiene la culpa, ¡ni yo! *(Sarcástica.)* ¿Quién la tiene, pues? ¡Floja, delicada, mujer de mal dormir es quien tira una corona de azahar para buscar un pedazo de cama calentado por otra mujer!

Novia. ¡Calla, calla! Véngate de mí; ¡aquí estoy! Mira que mi cuello es blando; te costará menos trabajo que segar una dalia de tu huerto. Pero ¡eso no! Honrada, honrada como una niña recién nacida. Y fuerte para demostrártelo. Enciende la lumbre. Vamos a meter las manos; tú por tu hijo; yo, por mi cuerpo. Las retirarás antes tú.

(Entra otra **Vecina**.*)*

Madre. Pero ¿qué me importa a mí tu honradez? ¿Qué me importa tu muerte? ¿Qué me importa a mí nada de nada? Benditos sean los trigos, porque mis hijos están debajo de ellos; bendita sea la lluvia, porque moja la cara de los muertos. Bendito sea Dios, que nos tiende juntos para descansar.

(Entra otra **Vecina**.*)*

Novia. Déjame llorar contigo.

Madre. Llora. Pero en la puerta.

(Entra la **Niña**. *La* **Novia** *queda en la puerta. La* **Madre**, *en el centro de la escena.)*

Mujer.   *(Entrando y dirigiéndose a la izquierda.)*
Era hermoso jinete,
y ahora montón de nieve.
Corrió ferias y montes
y brazos de mujeres.
Ahora, musgo de noche
le corona la frente.

Madre. Girasol de tu madre,
espejo de la tierra.
Que te pongan al pecho
cruz de amargas adelfas;
sábana que te cubra
de reluciente seda;
y el agua forme un llanto
entre tus manos quietas.

Mujer. ¡Ay, qué cuatro muchachos
llegan con hombros cansados!

Novia. ¡Ay, qué cuatro galanes
traen a la muerte por el aire!

Madre. Vecinas.

Niña. *(En la puerta.)*
Ya los traen.

Madre. Es lo mismo.
La cruz, la cruz.

Mujeres. Dulces clavos,
dulce cruz,
dulce nombre
de Jesús.

Novia. Que la cruz **ampare**[176] a muertos y vivos.

Madre. Vecinas: con un cuchillo,
con un cuchillito,
en un día señalado, entre las dos y las tres,
se mataron los dos hombres del amor.
Con un cuchillo,
con un cuhillito
que **apenas**[177] cabe en la mano,
pero que penetra fino

---

[176] **ampare**—may protect.
[177] **apenas**—hardly, scarcely.

por las carnes asombradas
y que se para en el sitio
donde tiembla enmarañada
la oscura raíz del grito.

Novia.   Y esto es un cuchillo,
un cuchillito
que apenas cabe en la mano;
pez sin **escamas**[178] ni río,
para que un día señalado, entre las dos
y las tres,
con este cuchillo
se queden dos hombres duros
con los labios amarillos.

Madre.   Y apenas cabe en la mano,
pero que penetra frío
por las carnes asombradas
y allí se para, en el sitio
donde tiembla enmarañada
la oscura raíz del grito.

(Las **Vecinas,** *arrodilladas en el suelo, lloran.)*

Telón.

---

[178] **escamas**—scales.

PREGUNTAS

1. ¿Por qué crees que Lorca no proporciona los nombres de los personajes de la tragedia?

2. ¿Cuáles son los signos que presagian el trágico desenlace de esta obra?

3. ¿Qué función cumple el papel de la mendiga en la tragedia? Razona tu respuesta.

4. ¿Qué ideologías representan los personajes principales de la obra? Explica tu respuesta.

RECONOCIMIENTOS

Texto

Fotos

Índice